for the future

中学校編

とっておきの
道徳授業14

● 自己の生き方に向き合う35授業実践 ●

桃﨑剛寿 編著

JN069468

全授業
パワーポイントスライド
＋ワークシート
収　録
CD付

「規範・命・生き方・人間関係・いじめ防止」に
中学生が夢中になって迫る！

日本標準

● はじめに

　「特別の教科　道徳」が中学校でもスタートしました。教科書が給与され通知表の評価も始まり，全国スタンダード化は驚くほど進みました。一方，肝心の授業改善はまだ道半ばです。「教科だからやる」「評価をしないといけないからやる」という，いわば「消化道徳」に陥った，子どもにとっておもしろくないつまらない授業がまだ多く残っています。

　その理由を，授業づくりを「何を（what）どのように生徒へ展開し（input），思考したものをどのように表出させるか（output）」という3要素でとらえて考えてみます。「input」は発問など自由度を増し，対話的な学びや協働的な学びによる「output」も大いにみられるようになりました。しかし肝心の「what」のところで，「教材はすべて教科書でなければならない」という誤解が生まれています。道徳科においても，主たる教材として教科用図書を使用しなければならないことは言うまでもありませんが，日常から多様なメディアや書籍，身近な出来事などに関心をもつとともに，柔軟な発想をもち，教材を広く求める姿勢が大切であると学習指導要領解説（特別の教科 道徳編）に述べられています。そして何より，学習指導要領の本文のなかで「**生徒の発達の段階や特性，地域の実情等を考慮し，多様な教材の活用に努めること**」と努力義務が示されています。教科書以外の活用へ制限を加えることは，この努力義務への妨げとなりかねません。

　教育サークル「道徳のチカラ」（代表：佐藤幸司，中学代表：桃﨑剛寿）はこの教材開発に特化して30年を超えて実践的研究を続けてきました。「ねらいを達成する最高の教材を開発し準備する」ことを主たる使命とし，『中学校編とっておきの道徳授業』では本書を加えて485のオリジナル実践を世に送ってきました。中学生が主体的に深く考えたくなる教材と工夫された展開の実際を現場の教室から具体的に示しています。そのなかから教科書にもたくさん取り上げられており，まさに「**教科書の『強化』書**」の役割を果たしています。

　シリーズ14作目となった本書は22の内容項目すべてを網羅しており，納得がいかない教科書教材からの変更がしやすくなっています。さらに好評の「全授業のプレゼンテーション電子媒体」に加え，「全授業のワークシート（ワード，一太郎，PDF）」「中学校編とっておきの道徳授業全巻485実践の教材内容項目一覧（エクセル）」を特別付録CDとしてつけました。生徒の実態に合わせ修正して利用したり，年間計画作成の際の資料として利用したりしてください。

　たくさんの先生方が本書を手にとっていただき，日本全国で実践され中学校の道徳科授業が元気になっていくことを心から願います。

　2020年3月

　　　　　　　　　　　　　　　　　　　　　　　　　　　　　　　桃﨑剛寿

● 目　次

第1章

正しい道を歩む
〜正義の味方・見方〜 …7

第2章

生命の尊厳を実感する
〜命を守り抜く〜 …37

第3章

美しい生き方を憧憬する
〜望ましい人生観を育てる〜 …63

第4章 人間関係を豊かにする
～優しさに真正面から対峙する～ …109

第5章 人権感覚を高める
～いじめをしない・許さない～ …135

この本の使い方（特長）

道徳授業の４つのポイント「感動」「驚き」「新たな知恵」「振り返り」のそれぞれの度合いの達成度を「星３つ！」形式で示しました。また，教材タイトルの左に主なポイントとして「感動」「驚き」「知恵」「振り返り」のマークを入れました。

白く浮き出ているのが，実施可能な学年を示しています。学年は，一応の目安として考えてください。

この授業がなぜ生徒には必要なのか，この教材を開発したのはなぜか，授業の主張が簡潔に述べてあります。

教材の概要と授業づくりのアドバイス，授業構成を時間のグラフで示しました。授業構成の下に，どこで「協働的な学び」があるかを明示しました。

授業全体を通しての協働的な学びの度合いを表しました。

授業の準備にどれくらい労力が必要なのかの度合いを表しました。

付属のCDにある本授業と対応する番号です。

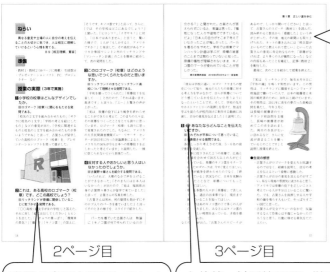

1ページ目

2ページ目

3ページ目

指導案でも，授業の展開例でもありません。
実際の授業の様子などを追実践可能な形で記しました。
「授業の事実で語る」本書の理念を具現化したページです。
発問・指示・生徒の反応が具体的に書かれています。

4ページ目

発問の意図を明示しています。授業構成がわかり，追実践するときに役立ちます。

主体的・対話的で深い学びを導く発問に 主 対 深 のマークをつけました。

教材やプリントなどを掲載しています。

教材を開発し，授業を実践し，執筆しました！

※著作物を授業で使用する場合は，出典を表示してお使いください。

正しい道を歩む
〜正義の味方・見方〜

　今，生徒指導観の見直しが叫ばれている。現場が一律的な指導に終始しているわけではないが，マイナスの面がクローズアップされており，内面から迫る自発的な生徒指導への変容が求められている。その点で道徳科の果たす役割への期待はますます大きくなっており，それに応えるような「生徒の心に響く」道徳科にふさわしい教材が必要である。

第1章

正しい道を歩む
〜正義の味方・見方〜

1. 美しいロッカールーム [C10 遵法精神, 公徳心]

敗北後にもかかわらず使用したロッカールームを美しく整えたサッカー日本代表チーム。それでも違反して写真をSNSへアップすることは許されぬことであった。その意味を考える。

2. 野々華さんのスピーチ [B9 相互理解, 寛容]

米国に留学した野々華さんは原爆投下を是とする街の多くの人々の考えに対して勇気を持って自分の主張を誠実に行った。しかもその方法は多くのアメリカ人に受け入れられるような慈悲深い言動によるものであった。

3. 渋谷ハロウィンの謎 [A2 節度, 節制]

ハロウィンで暴走する我が国の民。「ダメだ」と単に否定するに留まるのではなく, その心理に着眼することで自己を見つめさせ, 自制心を育てる。

4. 怒るのはもったいない [B9 相互理解, 寛容]

気が短くすぐカッとして言動が乱れる生徒がいる。逆に冷静に対応できて信頼される生徒もいる。気持ちを落ち着かせて対応する良さを知らせることで後者のタイプを育てる。

5. あなたにもできる!! 〜Make a stand!!〜 [A4 希望と勇気, 克己と強い意志]

アメリカの女性ビビアン・ハーさんは, 児童労働の実態に立ち上がりレモネードの販売を始めた。大きなことはやり遂げるのは難しいと思うか, いや, やれば出来ると考えるのか。彼女の人生から学ぶ授業である。

6. NIKEのマネキンは必要か [C11 公正, 公平, 社会正義]

スポーツメーカーNIKE。女性向けウェアの展示に「ふくよかなマネキン」を使用した。今までになかった「ふくよかな女性」をターゲットにしたのだ。人間が無意識に抱く偏見に気づかせることもできる授業である。

7. ジェスチャーは何のため [C10 遵法精神, 公徳心]

プロ野球の審判は派手なジェスチャーを使ってジャッジをする。一方, 高校野球の大会では選手のジェスチャーには指導が入る。それぞれの意味を整理し, ルールやマナーについて考えさせる。

1年	それでも守らなければならないことがある
2年	# 1. 美しいロッカールーム
3年	

感　動	★★☆
驚　き	★★★
新たな知恵	★★☆
振り返り	★☆☆

CD-ROM
1-1
授業用
パワーポイント

「きまりが大切だ」ということは中学生はわかっているものの反発する気持ちもあり，心にストンと落ちる教材はなかなかありません。ここであげるサッカー日本代表ロッカールームの美談も，実はそのことをSNSに投稿した人は規則違反で運営ボランティアを辞めさせられたようだとのことです……。

有名教材『二通の手紙』のリアル版として，授業を創りました。

 「『日本の綺麗なロッカー』騒動とは。ツイート削除，解任，そして気高さ。」
Sports Graphic Number Web　及川彩子（2018/07/15）

■ 教材の概要 ■

2018FIFAワールドカップで日本代表のロッカールームが決勝トーナメントに敗退した直後にもかかわらず，美しく整えられていたことが世界で報道された。ところが，その投稿者は守秘義務違反で解任されていたようだという話である。とかく中学生に反発されやすい規則の遵守を考えさせるのに，とても適した教材である。

■ 授業構成 ■

0	3	5		10	12		17		32	35	38		43	45	50(分)
●説明● ワールド カップ	写真①	●発問● 何の写真?		写真②	●発問● 何の写真?		●発問● どちらにより感心する?		教材①	●発問● 投稿した気持ちは?	●発問● きまりを守る理由は?		教材①	●発問● どうすればよかった?	

┌─────────────────────────────────────┐
協働的な学び　ネームカードで見える化し，発表する生徒の指名に役立てる。
└─────────────────────────────────────┘

■ 本時の授業を中心に見取った評価文の例 ■

きまりは守らないといけないというだけの考えから，班で話し合うなかで，プライバシーが守れないことなど，きまりの大切さにより深く気づきました。

協働的な学びの度合い ●● ● ● ● ●　　授業準備度 ●●● ● ● ●

ねらい

「良いこと」をするにしても規則を破ってまで行うことについて考え，規則の意義に気づき判断力を高める。C10［遵法精神，公徳心］

準備

・教材１・教材２（12ページに掲載）　生徒数分

授業の実際（3年で実施）

「サッカーFIFAワールドカップ2018で日本は予選リーグを突破し，決勝リーグでも強豪ベルギーにあと一歩というところまで迫りましたが，惜敗しました」と説明した。映像や画像を視聴させるとより興味関心が高まり，教材への導入が図られる。

日本サポーターが試合後，観客席で自主的にゴミを集めている画像を提示した。

■この写真①（イラスト）は何の写真でしょう。

■教材への興味を高める発問である。

挙手した生徒を指名して発表させると，「日本人サポーターが試合観戦後にするボランティア掃除」と発言した。「そのとおりですね。今ではＪリーグでも試合後によく見られる光景です」と説明すると，何人かがやったことがあると言っていた。

続けて，整然と整理された日本チームのロッカールームの写真（イラスト）を提示した。

■この写真②（イラスト）は何の写真でしょう。

■教材への興味を高める発問である。

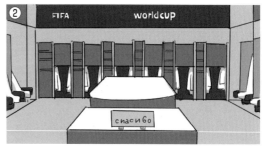

※「ワールドカップ　日本代表　ロッカールーム」で画像検索すると入手できる。

これは列指名をした。意図的にサッカーに詳しくない生徒が多い列を当てた。

・わからない。　　・おしゃれなお店。
・宇宙船。

「ヒントとして，ここにFIFAと書いてあるからサッカーワールドカップに関係するよ」と言うと，「選手の控え室」「選手のロッカールーム」という発言が出た。

「ロッカールームです。試合前かな。試合後かな」とたずねてから，「試合後の写真なんですよ。この写真は決勝トーナメントで負けたベルギー戦の後に撮影されたもので，インターネットに掲載されたものです」と説明した。

数人は知っていたようであったが，ほかの生徒は感心した様子であった。

「これらに感心しない人はいますか」とたずねると，誰も手を挙げなかったので次の問いをした。

■あなたは，サポーターによる観客席の清掃と，選手・スタッフによるロッカールームの清掃のどちらにより感心しますか。

■感心の度合いの優位を考えることで，それぞれの感心する要素を深く考えさせる発問である。

決めきれない生徒もいるだろうから，「サポーター」「どちらかといえばサポーター」「同じ程度」「どちらかといえばロッカールーム」「とてもロッカールーム」の5つのなかから選択させて黒板にネームカードを張らせた。

・サポーター…2人
・どちらかと言えばサポーター…4人

・同じ程度…14人

・どちらかと言えばロッカールーム…9人

・とてもロッカールーム…3人

そこで「サポーター」「どちらかと言えばサポーター」にネームカードを張った6人の生徒に理由を発表させた。

・サポーターはいろいろな人の集まりで、そのなかでできるのは偉い。

・お金を払った上にやっている。

・人前でよいことをするのに勇気がいる。

次に「どちらかといえばロッカールーム」「とてもロッカールーム」にネームカードを張った12人の生徒に理由を発表させた。

・試合が負けて悔しく、しかも疲れている。

・見ていないところでするのがすごい。

・サポーターの掃除は有名でその流れがあるが、こちらはそのようなブームがないなかでやっている。

今まで考えさせたことをまとめてある教材1を配付し、教師が読んだ。

「この話には続きがあります」と切り出すと、生徒は「何だろう」いうけげんな表情を見せた。

「SNSでこのロッカールームの写真を投稿した人が、この後に次の投稿をしています」と説明して、次の言葉を提示し、次の発問につなげた。

突然、私の冒険は終わりを迎えてしまいました。モスクワに戻り、帰路につきます。FIFA、そしてロシア、関係者の皆さん、素晴らしいトーナメントの一員にさせてくれてありがとうございます。

Sports Graphic Number Web 及川彩子（2018/07/15）
https://number.bunshun.jp/articles/-/831333

---

4 どのような気持ちでこのツイートを投稿したのでしょうか。

■教材の核心と印象的に出会わせるための発問である。

生徒は、発信者の感謝の気持ちやワールドカップが終わる寂しさを発表した。

「突然とはどういうことでしょう」と突っ込んだが、答えられなかった。

「実は、このスタッフボランティアには、そのなかで知り得たことを外に出してはいけないという守秘義務があったそうです。そのため、投稿者は守秘義務違反で突然解任されたのではないかということです」と説明した。

5 （秘）これほど世界中の人を感動させたツイートなのに、それでもきまりを守らなければいけないのはどんな理由からでしょうか。

■きまりの大切さに気づかせる発問である。

まず挙手した2人に発表させた。

・契約であったならば契約違反。

・いろいろな情報が流れてしまう。

「このような理由を考えられましたが、ほかにはありませんか」と投げかけ、9つの4人班をつくり、話し合わせると次の理由も考え出した。

・きまりが守れない人がスタッフでは困る。

・選手のプライバシーが守れない。

・悪かった面まで投稿される。

・防犯上よくないのではないか。

・スタッフとしてやらないといけないことに影響が出てしまう。

・罰金とかはなかったのだろうか。

・選手の利益にならないことが起きる。

・大会が失敗してしまうかもしれない。

そこで、これらのことが書かれてある教材2を配付し、教師が読んだ。

6 投稿した人はどうするとよかったでしょう。

■きまりを守った上でできることを考えさせる発問である。

2人の生徒が「勝手に投稿するのでなく、許可を取るしかない」「大会をアピールする係の人に伝えるとよかった」と発表した。

「この前は『二通の手紙』という教材で道徳の授業をしましたが、似ていませんか」と投げかけると、「入場係のおじさんもきまりをやぶり、動物園を去った」「一大事までには至らなかったが」などの声があがった。「今日の授業は、リアルな『二通の手紙』の授業でした」と言って授業を終えた。

「『日本の綺麗なロッカー』騒動とは。ツイート削除，解任，そして気高さ。」

Sports Graphic Number Web 及川彩子 （2018/07/15） https://number.bunshun.jp/articles/-/831333

教材1

1人の女性のツイートが日本，そして世界のサッカーファンの心を掴んだ。

そのツイートには，日本代表が使用したロッカールームの写真が添えられていた。

「これは94分でベルギーに負けた日本のロッカールームです。スタジアムでは代表のサポーターに感謝し，ベンチやロッカールームをきれいにし，そしてメディア対応をしました。またロシア語（キリル文字）で『ありがとう』と書かれたメモまで残していきました。すべてのチームの模範だと思います」

そのツイートの主は，オランダ人のプリシラ・ヤンセンスさん。FIFA（国際サッカー連盟）の運営スタッフとして今大会に関わってきた。

オーバータイムで逆転された日本代表が，怒りや悔しさでいっぱいだったことは容易に想像できる。しかしまるで使用前のように清掃，整頓し，メモまで残した姿に感動したのだろう。

教材2

多くの人の心を動かしたプリシラさんのツイートだが，その後，彼女は当該のツイートを削除し，そして大会期間中にも関わらず，任務を解かれている。

「突然，私の冒険は終わりを迎えてしまいました。モスクワに戻り，帰路につきます。FIFA，そしてロシア，関係者の皆さん，素晴らしいトーナメントの一員にさせてくれてありがとうございます」

プリシラさん本人そしてFIFAに問い合わせたものの返答はないが，おそらくボランティアを含む大会関係者が遵守すべき「守秘義務」への違反が問題になったのだろうと思われる。

今大会の組織委員会で働くロシア人スタッフによると，大会前にそういった規則，守秘義務などにサインをさせられたとのこと。そしてこのツイートだけではなく，SNS使用や写真撮影などで問題が起きていることも教えてくれた。

確かに関係者しか立ち入りができない場所での情報を関係者やボランティアが次々とSNS上などで上げてしまったら収拾がつかないことになるし，今回のような「いいニュース」だけではなく，ネガティブなニュースが出ないとも限らないため，守秘義務などの規則があるのは当然で，雇用された側が遵守しなければならない。

（一部略）

（熊本県　桃﨑剛寿）

1年	
2年	世界へ向けた平和への願い
3年	# 2. 野々華さんのスピーチ

感　動	★★★
驚　き	★★☆
新たな知恵	★★☆
振り返り	★☆☆

CD-ROM
1-2
授業用
パワーポイント

　８月６日と９日は，日本で暮らす私たちにとって忘れてはいけない日です。２個の原爆の投下で20万人を超える命が一瞬にして奪われました。一方，アメリカでは今なお，原爆の投下により戦争を終わらせることができたと考えている人が半数以上います。自分と異なる意見や立場の人に，どのように伝えていけばよいかを考えてほしいと思って創った授業です。

「キノコ雲＝誇り？　米で問う原爆開発の地へ留学，マークへの疑問動画に」
朝日新聞西部版　2019年8月9日

■ 教材の概要 ■

　アメリカ合衆国ワシントン州にリッチランドというまちがある。長崎に投下された原爆はそのまちで製造され，そこに住む人々は戦争を終わらせた原爆をつくったことを誇りに思っている。その影響もあり，リッチランド高校のロゴマーク（校章）はキノコ雲をモチーフにしている。
　その高校に留学していた古賀野々華（ののか）さんはロゴマークやまちの歴史，地元の人たちの原爆に対する考え方を学ぶなかで，自らが原爆についてどう感じているかを伝えたいと思うようになり，校内向けの制作動画「Atomic Town 5-30-19」に出演し，自分の意見をスピーチする。平和について考えるとともに，相手の立場を理解した上で，自分の意見を言うことの大切さを知ることのできる教材である。

■ 授業構成 ■

0　　5　　10　　15　　20　　　　　　35　　　　45　　50(分)

●発問	●発問	●発問	●発問	●話し合い	●教材	●終末
小学校の校章のデザインは？	ロゴマークはどこの高校？	どのような思いでつくられた？	反対する人はいなかった？	あなたなら，どんなことを伝えたいですか？	野々華さんのスピーチ	男性の話と本時の感想

> **協働的な学び**　古賀さんの立場になって，自分の考えを伝える話し合いをする。

■ 本時の授業を中心に見取った評価文の例 ■

　人間としての生き方に真摯に向かう姿が見られました。野々華さんのスピーチに学ぶ授業では，自分が信じることを相手に伝える難しさを感じた経験を振り返っていました。

協働的な学びの度合い ●●● ● ●　　　授業準備度 ●●●● ●

ねらい

異なる意見や立場の人に自分の考えを伝えることの大切さに気づき、人は相互に理解していけるという心情を育てる。

B9［相互理解，寛容］

準備

・教材1・教材2（16ページに掲載）　生徒数分
・プレゼンテーションソフト，PC，プロジェクター　など

授業の実際（3年で実施）

❶小学校の校章はどんなデザインでしたか。

■ロゴマーク（校章）に関心をもたせる発問である。

「校名の2文字を組み合わせたもの」「サクラに校名の1文字」「学校の考えを絵にしたもの」などの意見が出た。「学校に関連するものと校名の1文字を組み合わせたものが多いようですね」と言って、古賀さんが留学していた高校のロゴマーク（校章）を、プレゼンテーションソフトを使って提示した。

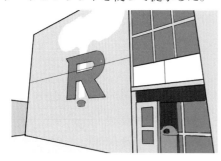

❷これは，ある高校のロゴマーク（校章）です。どこの高校でしょう？

■リッチランドが原爆に関係していることに気づかせる発問である。

「○○高校（頭文字がRの学校）」と答えた。それに対し「絵に注目してください」とヒントを出した。「イチョウの葉っぱ？」「機関車の蒸気？」「爆弾？」「キノコ雲！」の答えに、

「そうです，キノコ雲です」と言って，さらに，「では，その学校はどこにあるでしょう？」と聞いた。「ヒロシマ？」「ナガサキ？」に対し，「日本ではありません」と言うと，驚いた様子で，1人が「もしかすると，アメリカですか？」と発言した。その高校があるアメリカ合衆国ワシントン州のリッチランドや「マンハッタン計画」のことを簡単に紹介して，次の発問をした。

❸このロゴマーク（校章）はどのような思いでつくられたものだと思いますか。

■リッチランドのまちとリッチランド高校について理解させる発問である。

「平和を願ってつくられた」「原爆投下を反省して……」と出たので，「それは違います。真逆です」と言うと，「エー」と驚きの声が上がった。

「実は，原爆の投下により戦争を終わらせることができたと考えて，このまちの人々は，その原爆をつくったことをとても誇りに思っています。ロゴマーク（校章）も誇りに思って発案されたのでした。ちなみに，アメリカの大手民間調査機関ピュー・リサーチ・センターが2015年に行った世論調査によると，アメリカ人の56％が今も日本への原爆投下を正しかったと考えています」と説明した。一様に信じられないという表情だった。

❹反対する人やおかしいと思う人はいなかったのでしょうか。

■古賀野々華さんを紹介する発問である。

「いたけれど，大勢のなかで声を上げることができなかった」「そのまちには日本人はいなかった」が出たので，「実は，福岡県出身の古賀野々華さんが留学で来ていました」と言って，古賀さんの写真を映した。

「古賀さんは初め，何の疑問も抱かずにそのロゴ入りのパーカを着ていました」と言ってそのときの様子を，スライドで紹介した。

パーカを着ていた古賀さんは，教諭に「キノコ雲が何で作られているのか

分かる？」と聞かれた。古賀さんが答えられずにいると、教諭は言った。「犠牲になった人々や建物でできているんだよ」「日本人の自分がそこまで考えていなかったことが悔しかった」。パーカを着るのをやめた。学校では授業でマンハッタン計画は学ぶが、原爆の被害のことまでは教わっていないと知った。原爆の犠牲が理解されないまま、キノコ雲のマークが使われていることが悲しかった。

朝日新聞西部版　2019年8月9日付より一部省略

「彼女は学校に通い、ロゴマークやまちの歴史について知り、地元の人たちの原爆に対する考え方を学ぶなかで、自らが原爆についてどう感じているかを伝えたいと思うようになったということです。そして、学校の先生やホストファミリーの後押しを受けて、放送を学ぶ生徒たちが校内向けに制作する動画に出演し、自分の意見を伝えました」と説明した。

5 主 あなたならどんなことを伝えたいですか。

■それぞれが平和について思っていることを表現させる発問である。

各自しっかり考えさせた後、5〜6名の班で意見を交流した。

・日本に投下された2つの原爆で、広島と長崎を合わせて20万人以上の人が亡くなっている。原爆のキノコ雲をモチーフにしたロゴマークは、今すぐ変えてほしい。
・原爆が戦争を終わらせたのでなく、「終わっている」状況なのに、日本を実験台にしたことなど、原爆についてもっと知ってほしい。
・現在も多数の人々が「原爆症」で苦しんでいる。過去の出来事でなく、現在まで続いていることを知ってほしい。
・日本ではあのキノコ雲の下で多くの人が亡くなりました。みなさんはキノコ雲の下で楽しい時間を送っている。矛盾を感じませんか。

などの意見が出た。「古賀さんのスピーチが

あるので、しっかり聞いてください」と言って、古賀さんのスピーチ（教材1）を読んだ。読み終わると数名から「感動した」という声が上がった。その後、地元の新聞にも取り上げられた。ネットの書き込みには「核兵器がよいものだと教えられて悲しい」といった古賀さんの意見に肯定的なものや、「原爆がなければ、より多くの人が犠牲になった」などの内容もあったことを補足し、記事（教材2）を配付した。

最後に、次のことを紹介して授業を終えた。

「実は、リッチランドで、毎年8月9日に『平和の鐘』を鳴らす男性がいます。この男性は、リッチランドに隣接するハンフォード核施設で働いていた人で、日本の被爆者と米国の戦死者のために、30年以上続けています。その男性は、2011年に長年の夢だった長崎訪問を果たし、今年3月には長崎の被爆者のリッチランド初訪問を支援し、長崎の被爆者が初めてこの市を訪れました。両市の市長が互いに訪れるなど、さらに交流が深まることを願っているとのことです」と説明し授業を終えた。

●生徒の感想

・古賀さんがロゴマークを変えろと抗議するのではなく、経緯を説明し、自分の考えを伝えるという姿勢に感動した。
・古賀さんが自分の意見を言えるのがすごい。私なら現地の雰囲気に流されると思う。
・アメリカでは原爆の投下を正しいことと考えている人が半分以上いることに驚いた。でも、古賀さんを後押しする人や平和の鐘を鳴らす人もいて、やっぱりすごい国だと思った。
・古賀さんが完全アウェーのなかで、反論するなんて恐怖心は半端じゃなかっただろうなと思う。行動に移せる勇気をたたえたい。

教材1　古賀野々華さんのスピーチ　動画「Atomic Town 5-30-19」の一部を訳したもの

　私は，ここアメリカのリッチランド高校での時間を楽しんできました。これからもずっと続くであろう友人や思い出を作ることができました。様々な経験を通じて成長し，たくさんのことを学んできました。私が学んできたことは，ここの歴史や文化，そして物事の考え方です。今日は，私の考えをいくらかを共有したいと思います。

　私はナガサキの近くの福岡出身です。ナガサキは２回目の原子爆弾が落とされた場所です。私の町はもともと，爆弾を落とすターゲットにされた場所でした。爆弾が落とされていたら私の祖父母は助からず，今日私はここにいなかったでしょう。その日が曇りだったため，ナガサキに爆弾が落とされました。どうしてリッチランド高校では，そのキノコ雲が祝われているのでしょうか？

　キノコ雲は学校のマスコットで，私たちはどこでもそのマスコットを見ることができます。私はキノコ雲のマスコットを，多くの人々が犠牲になり現在の平和を実感するためのものとして見ています。爆撃を受けたのは兵士ではなくて市民です。私たちは人々を殺したものに誇りを持つべきなのでしょうか？　私たちの国では毎年，"平和の日"があります。その日には若い人が戦争や平和，そして原子爆弾について学び，深く考えます。ナガサキでは８万人のたくさんの子どもや女性たちを含む市民が殺されました。私は学校のマスコットを変えようとは考えていません。ただあなた方に犠牲者のことを考える機会を作っていただきたいと思っています。リッチランド高校では，キノコ雲は尊敬されるものとして扱われています。ただこのことだけは知ってもらいたいのです。キノコ雲は私たち多くのものを破壊してできたものだということを。私は罪のない子どもや女性，戦争に参加しなかった人の命を奪った原子爆弾を尊敬することはできません。

　私はあの日，曇りだったから今日ここにいます。

教材2　キノコ雲＝誇り？　米で問う　原爆開発の地へ留学，マークへの疑問動画に
朝日新聞西部版　2019年8月9日

　長崎原爆のプルトニウムが作られた米国の施設近くの高校で，福岡からの留学生が出た動画が話題となった。「戦争を終わらせた原爆」を誇る住民が多い町で，こう問いかけた。「罪のない人たちの命を奪うことに，誇りを感じるべきでしょうか？」

　動画に出たのは福岡県大牟田市の明光学園高校３年，古賀野々華さん（18）。留学先は米ワシントン州リッチランドにある高校。第２次大戦中に原爆を開発した「マンハッタン計画」の拠点の一つで，プルトニウムが作られたハンフォード核施設に隣接している。

　古賀さんは昨年８月から留学した。留学先は仲介業者が決めたため，詳しいことは知らなかったが，学校の至る所にあるシンボルマークのキノコ雲を見て驚いた。生徒たちがキノコ雲を誇りに思っているとも聞いた。スポーツチームの応援などでキノコ雲をあしらった服を着ている生徒が多く，自分も学校の一員だと思ってほしいと考え，迷った末にパーカを買った。キノコ雲がどうしてできたのかは深く考えなかった。

　留学して半年ほど。パーカを着ていた古賀さんは，教諭に「キノコ雲が何で作られているのか分かる？」と聞かれた。米国の歴史などについてやりとりしたことがあったショーン・マーフィー教諭からだった。古賀さんが答えられずにいると，マーフィー教諭は言った。「犠牲になった人々や建物でできているんだよ」「日本人の自分がそこまで考えていなかったことが悔しかった」。パーカを着るのをやめた。学校では授業でマンハッタン計画は学ぶが，原爆の被害のことまでは教わっていないと知った。原爆の犠牲が理解されないまま，キノコ雲のマークが使われていることが悲しかった。

　今年５月，校内で流された３分あまりの動画で，生徒たちがキノコ雲のマークについて意見を言った。好意的な意見が相次ぐなか，古賀さんはただ一人，疑問を投げかけた。「私にとってキノコ雲は犠牲者と平和を心に刻むもの」。福岡県は原爆の第１目標で，天候不良のため長崎になったことや犠牲者数などを説明し「私がここにいるのは，あの日が曇りだったから」と語った。動画はインターネットで公開され，地元の新聞にも取り上げられた。ネットの書き込みには「核兵器が良いものだと教えられて悲しい」といった古賀さんの意見に肯定的なものや，「原爆がなければ，より多くの人が犠牲になった」などの内容もあった。

　「マークを変えたいわけではなく，事実を伝えたかっただけ。原爆を落とされた側の意見や考えも知ってほしかった」と古賀さん。冷戦時，空軍基地の近くで育ち，核兵器の攻撃に備えて学校で訓練した経験があるというマーフィー教諭はこう話した。「教師として，両サイドの意見を生徒に知ってほしいと思った。両方の意見がなければ，私たちは成長できない。リッチランドとしても彼女の意見を聞いて成長できた」

（京都府　松永　勉）

1年 **2年** **3年**

節度を保った行動を

3. 渋谷ハロウィンの謎

感　動	★☆☆
驚　き	★★☆
新たな知恵	★★☆
振り返り	★★★

CD-ROM
1-3
授業用
パワーポイント

　被災地の避難所での節度ある行動や，サッカーワールドカップ観戦後のサポーターの清掃など，節度ある行動が賞賛されることが多くある一方，「渋谷ハロウィン」は，人間の内なる欲求が節度を守る道徳心を超えてしまっているように思えます。そこに正面から対峙する授業として開発した教材です。

 振り返り

『ジャパニーズハロウィンの謎』
松井剛：編　星海社新書

ジャパニーズ
ハロウィンの謎

若者はなぜ渋谷だけで
馬鹿騒ぎするのか？

松井剛　編
一橋大学商学部松井ゼミ15期生

154

■ 教材の概要 ■

　2018年10月28日未明，ハロウィンでにぎわう東京・渋谷のセンター街で軽トラックが横転させられ，4名の逮捕者が出た。酔っぱらいの喧騒（けんそう）や路上のごみ問題など，負のイメージで取り上げられる渋谷ハロウィン。いつの間にか日本の年中行事となったハロウィンの現在・過去・未来を読み解くと，そこには節度節制という道徳的価値がある。

■ 授業構成 ■

0	5	12	21	30	40	45	50(分)
●発問● 何の写真？	●説明● 渋谷ハロウィンについて	●発問● どんな問題点があるか？	●発問● 行き過ぎてはいけないものは？	●発問● どんな魅力がある？	●発問● 身近なイベントは？	●発問● どんな注意を？	

協働的な学び　自分の生活に当てはめて考え，話し合い活動をする。

■ 本時の授業を中心に見取った評価文の例 ■

　鋭い視点から教材を見つめ，○○さんならではの考えを授業で示していました。特に渋谷ハロウィンを扱った授業では，騒ぐ人の気持ちがわかるという，立ち位置を変えての発表から，学級全体に自分を見つめるムードが高まりました。

協働的な学びの度合い ●●● ● ● ● ●　授業準備度 ●●●● ● ●

ねらい

　渋谷ハロウィンの是非を考えることを通して，享楽と節度のバランスの大切さに気づき，行き過ぎた行動をしてしまわないように心がける態度を育てる。　　　Ａ２［節度，節制］

準備

・2018年の渋谷ハロウィンで，若者が車を倒してそれに乗っている写真（イラスト）。
・ワークシート（20ページに掲載）　生徒数分

授業の実際（3年で実施）

　写真（イラスト）を大きく提示し，線より下の部分は隠して最初の問いをした。

❶これは何の写真（イラスト）でしょう。

　■渋谷ハロウィンの節度のなさを印象づけるための発問である。
　・サッカーのワールドカップでの騒ぎ
　・ロックバンド
　「実はその下にこの写真が何の写真かわかるヒントがあります」と言って，線の下の部分まですべて見せると，「何かに乗っていますね」「車だ」「倒して喜んでいる」「大暴れしているよう」と生徒は気づいた。
　「2018年に東京の渋谷で若者らが軽トラックを横転させた事件が起きました。その写真です。暴力行為等処罰法違反（共同器物損壊）の疑いで４人が逮捕されました」と説明した。
　「10月31日はハロウィンの日です。それに向けた数日間，日本ではお祭りのようなムー

ドになり，カボチャの飾りなどが目立つようになります（黒板にイラストを描いた）。先の写真は，2018年10月28日に写されたものです」と説明した。
　「アメリカのハロウィンは子どもたちが仮装して家を回り，『お菓子をくれないといたずらするぞ（トリックオアトリート）』と言って，お菓子をもらっていくそうです。日本にもそのような習慣が入ってきたのですが，この『渋谷ハロウィン』と言われるものは，主催者がいるわけでもないのに，全国各地から仮装をした人が多く集まります。それだけではなく，その仮装行列や渋谷のまちの様子を見に来る人でごった返します。まさにお祭り騒ぎです」と説明した。さらに「サッカー日本代表戦などでも渋谷は自然と多くの若者が集まります。『若者が集まる場としての渋谷』の特殊性がよく表れています」と，続けて説明した。
　ここで本年度の渋谷ハロウィンのさまざまな仮装の写真を提示した。今年は車が倒されるような事件はなく，お酒の販売が規制されたことを補足した。
　「車を壊した事件はひどい事件でしたが，渋谷ハロウィンにはたくさんの問題点があります」と言って次の問いをした。

❷渋谷ハロウィンには，どのような問題点があるでしょう。

　■節度がなくなっている事例が起きていることを予測させる発問である。
　仮装をする人の問題点と仮装をしないで見ている人の問題点を分けることで多面的に考えさせる。
仮装をする人
　①「ほとんど裸」のような仮装はひどすぎないか。
　②着替えてはいけないところで着替える（コンビニのトイレで着替えると普通に使いたい人の迷惑になる解説を加えた）。
　③犯罪に巻き込まれやすいのではないか（どのような犯罪か聞くと，痴漢があがった。笑いがあったが，笑っていられないことだよとほかの生徒が論していた）。
仮装をしない人

④騒いでうるさい。
⑤ゴミが増える。
⑥けが人が出る。
⑦危なくてお店が開けられない。
⑧犯罪が増える。
「どんな犯罪かな」と聞くと，「窃盗」「暴行」「盗撮」「痴漢」の発表があった。
「渋谷ハロウィンでは窃盗や暴行，痴漢などの疑いや現行犯でたくさんの人が逮捕されています」と補足した。

③ 🈥 行き過ぎることがないようにしてほしいと思うのは①〜⑧のなかではどれですか。

■発問で意見を一つ一つ共有して深く考えさせる発問である。

「少しでも行き過ぎてはいけない」「少しならばよい」の二択で①〜⑧まで挙手させていった。ほとんどが「少しでも行き過ぎてはいけない」に挙手が集まった。
④「仮装をしない人が騒ぐのでうるさい」と⑤「仮装しない人が多いとゴミが増える」の2つには「少しならばよい」とした生徒が出た。理由をたずねてみると，そんなに多くの人が集まればうるさくなるし，ゴミも多少は出るだろうという考えだった。一方，「普通の道でほかの人がうるさいと思うようなことをしてよいのか」「ゴミを持ち帰ることはいつでもしないといけない。ハロウィンだから許されるとは思わない」という反論があった。それを聞いて「迷惑をかけない程度の騒ぎだったらいい」という考えに変わった。
「そういっても，ここまで人が集まるからには理由が『人の心のなかに』あるはずです」と言って，次の問いをした。

④ 🈥 渋谷ハロウィンには，どのような魅力があるでしょう。

■人の心の奥底にある，享楽を求める心に気づかせる深い発問である。

仮装をする人
・仮装して楽しみたい気持ち。
・いつもの自分と違う自分になってみたい。
・注目を浴びたい。

・スター気分を味わいたい。

仮装をしない人
・仮装を見て楽しみたい。
・騒ぎたい。
・目立ちたい。
・悪い人にとっては，犯罪のチャンス。

「犯罪のチャンスという最後の考え以外は，誰にでも少なからずあると思います。一方で，騒ぎたい気持ちの度が過ぎてしまうと，先の写真（イラスト）に出てきたようなことも起きてしまいます」と，魅力を認めつつも度が過ぎると問題になることに触れ，次の問いをした。

⑤ 私たちのまちにも，渋谷ハロウィンのように非日常を楽しむのに注意が必要なイベントはありませんか。

■同じような問題が自分の郷土にも起きているだろうことを明確に意識づけさせる発問である。

・市の花火大会　　・地域の夏祭り
・市の夏祭り　　　・神社の秋の祭り

⑥ 渋谷ハロウィンに学んだことから，今挙げたイベントのなかで気をつけておいた方がいいなと思う面はありませんか。

■今日の学びを自分の生活に当てはめて考えさせる発問である。

4人班で考えさせた。気づいたことを黒板に書かせて，2つの班に発表させて終えた。

市の花火大会
・ゴミがひどい。
・確か，車のマナーが悪いと聞いた。

地域の夏祭り
・勝手に花火をしている人がいて危険。
・遅くまで残る子どもがいる。

市の夏祭り
・ゴミがひどい。
・遅くまで残る子どもがいる。

秋の例大祭
・格好が変な人がいる。
・「危ない」大人がいて怖い。

ワークシート

道徳ワークシート　　　　　　　　（　）年（　）組　名前（　　　　　　　）

	仮装をする人	仮装をしない人
問題点		
魅　力		

○私たちのまちのイベント

○気をつけておいた方がいい面

（熊本県　桃﨑剛寿）

<table>
<tr><td>1年</td></tr>
<tr><td>2年</td></tr>
<tr><td>3年</td></tr>
</table>

アンガーマネジメントを学ぶ

4. 怒るのはもったいない

感　動	★★☆
驚　き	★☆☆
新たな知恵	★★☆
振り返り	★★★

CD-ROM
1-4
授業用
パワーポイント

　衝動性の高まりが感じられる生徒が増えてきた感じがします。カッとしたらすぐ手を出してしまう。許さない。社会全般を見ても，執拗(しつよう)なクレームが企業や地方公共団体などに向けられる状況があります。日本社会はこんなにまで寛容性がなくなってしまったのだろうか……。この授業はそのような心配をなくしていきたいという思いから生まれました。

 『**もったいない主義**』
小山薫堂：著　幻冬舎新書

■ 教材の概要 ■

　少しデザインを変えるだけで便利になる日常品。人を喜ばせるチャンスを逃しているお金の使い道。次に生かされない失敗。世の中にはもったいないことがあふれています。それらに気づき，有効に活用することで人生が豊かになる。そのようなことを教えてくれる小山薫堂さんの著書です。

■ 授業構成 ■

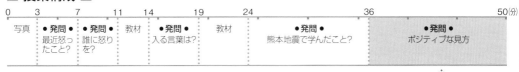

0	3	7	11	14	19	24	36	50(分)
写真	●発問● 最初怒ったこと？	●発問● 誰に怒りを？	教材	●発問● 入る言葉は？	教材	●発問● 熊本地震で学んだこと？		●発問● ポジティブな見方

協働的な学び　　4人班で課題を順に考え，黒板に考えたことを順に提示する。

■ 本時の授業を中心に見取った評価文の例 ■

　いつもおだやかだねと言われることが多いけど，実は怒っている時もあると自分を見つめていました。もっとポジティブな見方ができるようになりたいと，教材のなかの人物像に自分の生き方を見い出したことを班で発表していました。

協働的な学びの度合い ●●●●●　　授業準備度 ●●●●●

ねらい

　ほかの人などから嫌な思いをさせられたときに攻撃的になるばかりでなく、相手やその状況などを多面的に理解し、そこから学べることに気づき、おおらかであろうとする心情を育てる。　　　　Ｂ９［相互理解，寛容］

準備

・教材（24ページに掲載）　生徒数分

授業の実際（3年で実施）

　怒った顔の画像をインターネットから探して大きく提示し、最初の問いをした。

1 最近はどんなことで怒りましたか。

　■教材への興味を高める発問である。
　「（　　　）に怒って、（　　　）になった、という表現でまとめてみよう」と指示をした。そうでないかたちの発表は、発表した生徒と対話をしながら整えた。
　・洗面の順番で勝手な兄に怒って、ケンカになった。
　・部活動で相手の反則について怒って、イエローカードをもらう羽目になった。
　・テストで変な間違いをしてしまった自分に怒って、落ち込んだ。
　・車の危ない運転に怒って、にらみつけた。
　「中学校によく自転車マナーで苦情の電話があるから反省しているんだけど、車の運転手にもひどい人がいるよね」と言って怒りを共有した雰囲気を醸し出した。
　「自分の家が地震でも停電でもないのに、いきなり断水したとします」と設定を説明し、次の発問をした。

2 いきなり断水になったら、誰に怒りをぶつけますか。

　■小山さんの考えを印象的に提示するため、教材に触れる前の自分自身を見つめさせる発問である。

・水道局
・マンションの管理人
・とりあえず親
・神様

　「ちなみに、とても怒る、割と怒る、あまり怒らない、まったく怒らない、の4つで選択するとどうですか」とたずねると、「あまり怒らない」に半数ほどが挙手し、あとはそれぞれに数人ずつ挙手があった。
　「今日の道徳は放送作家の小山薫堂さんが書かれた本から教材を選んできました」と説明し、生徒にはプリントは配付しないで教材の9行目までを読んだ。そして、続きの部分（10行目から13行目）を、次のように、途中を隠して大きく提示した。

　そのとき僕はカッカしていたご近所さんを見て、「確かに断水は大変だけど、そのせいでイライラする方が（　　　　　　　）」という気持ちになりました。
　「そうだ、せっかくの断水になったんだから、（　　　　　　　　　）するのも意外といいかもしれないな」と思ったのです。

小山薫堂：著『もったいない主義』幻冬舎新書より

---

3 （　　　　　　　）の中にはどんな言葉が入ると思いますか。

　■小山薫堂さんの考えに着目させ、ストーリーへの関心を高めさせる発問である。
　挙手した6人の生徒を指名して発表させた。
1つめの（　　　　）の中の言葉
　・馬鹿らしい
　・どうしようもない
　・何もいいことはない
2つめの（　　　　）の中の言葉
　・引っ越しを
　・ホテルに宿泊
　・不便な暮らしを
　「『そのせいで（イライラする方がもったいないな）という気持ちになった』そうです。また、『せっかくの断水になったんだから、（水

道のない暮らしを体験）するのも意外といい
かも』と考えたそうです」と説明した。

そして，教材を印刷した紙を配付し，最後
まで範読した。今まで当たり前と思っていた
ことがそうではなかったことに気づいたり，
難局を乗り越えようといろいろ考えたり，今
の世の中に感謝したりする小山薫堂さんの考
えたことが記述されている。

「皆さんも熊本地震を体験したときは大変
でしたね」と話して次の問いをした。

4 🈬 **熊本地震のときに「苦しい経験
だったけれど，そこから学んだ」こ
とは何かありましたか。**

■自分を振り返る発問である。

「『（　　　　）は苦しい経験だったけれど，
（　　　　）を学んだ』という表現でまとめて
みよう」と指示をした。

ワークシートに少し書かせた後，4人班で
話し合わせた。各班のなかで次のような発表
があった。

・電気やガスが止まったのは苦しい経験
　だったけれど，ライフラインが大切なこ
　とを学んだ。
・充電ができず携帯が使えなかったのは苦
　しい経験だったけれど，日頃の準備が大
　切なことを学んだ。
・学校が休校になったことは苦しい経験
　だったけれど，ほかの人に頼らずにがん
　ばることの大切さを学んだ。
・運動会の練習が十分でなかったのは苦しい
　経験だったけれど，集中することを学んだ。
・マンションのエレベーターが停まって毎
　日12階まで上り下りしたのは苦しい経験
　だったけれど，計画的に移動するよう考
　えるなど，頭を使うことの大切さを学ん
　だり，階段のところに椅子を置いてくれ
　る人がいて，その優しさを知ったりする
　ことができた。
・特に最初の数日は食べ物も不足して苦し
　い経験だったけれど，ボランティアの人
　たちの優しさを学んだ。

「小山さんは，『ネガティブスイッチを切り
替える』と考えているようです。考え方一つ

で『ネガティブな出来事からポジティブな面
を引き出せる』と言っています」と説明し，
導入で取り上げた「怒った経験」に注目させ
た。そして，最後の発問をした。

5 🈬 **皆さんが経験した4つのネガティ
ブな経験にあるポジティブな面は何で
すか。**

A 洗面の順番で勝手な兄に怒ってケンカ
　　になった。
B 部活動で相手の反則について怒って，
　　イエローカードをもらう羽目になった。
C テストで変な間違いをしてしまった自
　　分に怒って，落ち込んだ。
D 車の危ない運転に怒って，にらみつけた。

■学んだ発想を自分たちの経験に照らし
合わせ，その見方考え方を共有する発問で
ある。

4人班をつくり，Aから順に考える班，B
から順に考える班，と役割分担をし，考えたこと
を紙に書かせて黒板に張らせていった。次の
ような考えが出た。

Aについて
・ケンカしないでよいよう，自分がもっと
　早く起きればよいことに気づき，よい習
　慣になる。
・兄が先にする時間，その時間は自分が好
　きなことができる。

Bについて
・相手にペナルティーが来るからじっと我
　慢するとよい。
・怒ってしまうと冷静な判断ができなくな
　るからチャンスと考える。

Cについて
・入試本番で間違えなければよい。
・自分の弱点がわかったのだから，そこを
　重点に勉強すればよいことがわかった。

Dについて
・用心深くなって，いつでも「事故に遭わ
　ないかな」と注意するようになった。
・自分がそのような運転をする人にならな
　いよう気をつけることができた。

最後に全員で黒板に書かれたことを確認し合
い，「何でもうまくいくんだね」という声が上
がるなかで授業を終えた。

教材　「断水に怒るのはもったいない」　小山薫堂：著『もったいない主義』幻冬舎新書　p.58〜61

　あるとき，自宅のあたり一帯で水道が止まったことがありました。事前に断水を知らされていたわけでもないのに，なぜかいきなり，蛇口をひねっても水が出てこなくなってしまった。どこでどうなっているのか，さっぱりわからない。うちだけなのか，それとも近所もそうなのか，確かめるために外に出てみたら，近所の人がどうやら不動産屋に電話をしているらしく，ものすごく怒っている。「どうしてくれるんだよ」「お宅の責任だ。早く工事しろよ」などと，さんざん怒鳴りつけていました。

　しばらくすると水道局の人が来て，結局，水道管を掘り返してみないと，どこで水が止まっているかわからないということになった。ということは，今日，明日の復旧は絶望的です。

　そのとき僕はカッカしていたご近所さんを見て，「確かに断水は大変だけど，そのせいでイライラするほうがもったいないな」という気持ちになりました。

　「そうだ，せっかくの断水になったんだから，水道のない暮らしを体験するのも意外といいかもな」と思ったのです。

　そこでホームセンターで20リッターのポリタンク三つを買い，水道局から案内された施設に行って水を汲んできました。ところがトイレを三，四回流したら，タンク一つがもう空なのです。こんなに自分は普段トイレで水を使っていたんだと愕然としました。

　それからは，「小で流すのはもったいないな。大のときだけ流したほうがいい」「トイレットペーパーは最小限に使わないと，流れなくなるぞ」などと考えるようになりました。食器を洗うときも，昔は確か，洗い桶にためた水で，少しずつ洗っていたよな，と思い出してやってみたら「ああ，これでも十分きれいになるんだ」と発見した。しかも皿を洗った水は，トイレの水にも再利用できる。

　重い思いをして汲みに行きたくないものだから，頭を使うようになるわけです。

　そうやって水を節約するようになり，「節約って忘れていたな」ということをまず思い起こした。

　工事業者の人たちは夜を徹して地中深くを掘りまくってくれました。「ご苦労さまです」とおにぎりを差し入れて，僕は寝ることにしました。かなり遅くまで工事の音が聞こえていたけれど，いつの間にか眠っていた。

　翌朝，ハッと気づいて，どうなっただろうと思って水道をひねってみたら，プシュプシュプシュ，ジャーッと水が出た。最初に泥水が出たときの，あの喜び。こんな尊い水道という装置を，いままで感謝もせずに当たり前のように使っていた自分はなんてもったいないことをしていたのか。「水道の価値に気づかせてくれて，断水ありがとう」と思いました。

　短い時間ではありますが，水道のない時代の生活を疑似体験しているという気分で過ごしたのは，得がたい経験になりました。「ああ，昔って大変だったんだよな」とあらためて実感した。

　日本のほとんどの家庭に水道が通るまでは，井戸水を使ったり，雨水をためたり，川の水を汲んできたりしなければならなかったことを思えば，「いやあ，いまの時代に生まれてよかった」という気持ちになります。

　断水になったことに文句を言うのではなく，せっかくだから水道のない時代を疑似体験すると考える。こんなふうに，目の前の困難をどう乗り切るかということも，「企画」です。

　こういう考え方を僕は「ネガティブ・スイッチを切り替える」と呼んでいます。考え方一つでネガティブな出来事からポジティブな面を引き出せる。これも，企画の力だと思います。

（熊本県　桃﨑剛寿）

<table>
<tr><td>1年</td></tr>
<tr><td>2年</td></tr>
<tr><td>3年</td></tr>
</table>

本気で人生に挑む
5. あなたにもできる!!
～Make a stand!!～

感 動	★★★
驚 き	★★☆
新たな知恵	★☆☆
振り返り	★★☆

CD-ROM
1-5
授業用
パワーポイント

困難なことが目の前に立ちはだかると，「もういいや」と投げ出す生徒たちが皆さんの周りにはいませんか。自分の人生を半ばあきらめているかのように私の目には映ります。「あなたには無限の可能性がある」「もっと，自分を信じてほしい」「あなたにもできる!!」。生徒たちが自分の人生に本気で挑んでほしいとの想いで，この授業を創りました。

『**メイク・ア・スタンド～立ち上がれ子どもたち～**』ビビアン・ハー：作　ワンネス出版
「**ひと レモネードで途上国の児童労働を減らすビビアン・ハーさん(14)**」
朝日新聞　2017年12月27日

■ 教材の概要 ■

　幼少期に母が見せた1枚の写真がきっかけで，児童労働の実態を知ったビビアン・ハーさん。自分にできることを考え，彼女が行ったこと。それは，レモネードを販売するということでした。「あなたにはできないよ」と否定的な言葉を浴びせる大人たち。ビビアン・ハーさんと周りにいた大人たちの生き様を比較していくことで，困難が立ちはだかると，「やめる」ことをこれまで選択してきた自分自身に気づくことができる。自分自身が生きていく上で大切なものとは何かを生徒たちに問いかける教材である。

■ 授業構成 ■

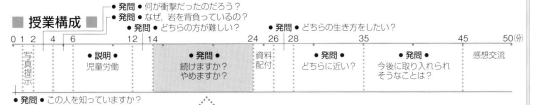

●発問 ●この人を知っていますか?

協働的な学び　立場を可視化させたのち，意見交流をします。

■ 本時の授業を中心に見取った評価文の例 ■

　教材から考えたことを自分に照らし合わせて考えることに，真剣に取り組む姿がよく見られるようになりました。特に，ビビアン・ハーさんの児童労働問題に対する取り組みを扱った授業では，自分だったらできるという立場にとりながらも，その難しさに悩むような真剣な学びができていました。

協働的な学びの度合い ●●●●●●　　授業準備度 ●●●●●●

ねらい

ビビアン・ハーさんの生き方を通して，目の前に困難なことが立ちはだかっても前向きにとらえ，自分にできることに真摯に取り組もうとする意欲を高める。

A4 [希望と勇気，克己と強い意志]

準備

・教材1（28ページに掲載） 提示用
・教材2（28ページに掲載） 生徒数分

授業の実際（3年で実施）

教材2の朝日新聞の元の記事にあるビビアン・ハーさんの写真の部分を提示し，最初の問いをした。

1 この人を知っていますか。

■**教材へ引きつけるための発問である。**

生徒が誰も知らなかったので，ビビアン・ハーさんを紹介した。写真の少女が14歳であることを告げて，生徒と同じ年頃ということを知らせた。

「彼女は母親から見せてもらった1枚の写真がきっかけでレモネードを販売して有名になります」と説明した。

レモネードの写真を『メイク・ア・スタンド』の中から提示した。文字などは隠す。

続けて母親から見せてもらったという「子どもが大きな石を背中に背負っている写真」を教材1から提示した（文字は隠した）。

2 この写真は一体，何が彼女にとって衝撃だったのでしょうか。

■**ビビアン・ハーさんが志すに至ったきっかけを共感的に理解させるための発問である。**

・崖ギリギリのところに立ち，危ないこと。
・岩を背負っていること。

生徒の発言を生かして，すぐに次の問いをした。

3 なぜ，岩を背負っているのでしょう。

■**児童労働問題につなぐための発問である。**

・建物をつくるため。
・家族の手伝いをしている。
・生活するお金を稼ぐため。

生徒の発言を受け，「これらの労働は大人がしますよね。『児童労働』という言葉を聞いたことがありますか」とたずねたが，誰も知らなかった。そこで，児童労働の言葉の定義と現状を次のスライドで示し，説明した。

児童労働について

・国際労働機関ILOは，「児童労働」は「原則15歳未満の子どもが大人のように働く労働」と定めており，2012年時点で世界の児童労働人口は約1億6800万人。

・世界の7人に1人の子どもが貧困状態にある。

・人身売買，強制的な子ども兵士，その他の強制労働，買春・ポルノ，麻薬の製造・密売等の問題がある。

『子どもの貧困・大人の貧困』池上彰：監修 稲葉茂勝：著（ミネルヴァ書房）より授業者がまとめた。

これら児童労働問題は，発展途上国で育てた作物を食べている先進国の問題でもあることを確認した。

ここで，彼女が掲載されている教材2を生徒たちに配付し，範読した。

しかし，その道のりは険しく困難を極めたことや児童労働解消のためレモネードを販売することに否定的な反応もあることを次のスライドで示した。

・「あなたは小さすぎる。何かを変えるのは無理でしょ？」

・「あなたはまだ9歳ね。自分のレモネード会社はできないよ」

・「毎日欠かさずレモネードスタンドなんてできないよ」

・「あなたは子どもの奴隷の被害者を助けているのね」「でも，竜巻の被害者

は助けられないわよ」

『メイク・ア・スタンド～立ち上がれ子どもたち～』より
授業者がまとめた。

**４「続けること」と「やめること」，ど
ちらの方が難しいですか。**

■自らの価値観や体験を振り返らせ，自
分事として捉えさせるための発問である。

ワークシートに記入後，挙手させた。

・続ける方が難しい…18名

・やめる方が難しい…2名

「やめる方が難しい」と回答した生徒に聞
くと，「バレー部に所属していたとき，やめ
たいと思うこともあった。しかし，これまで
続けてきた努力や仲間のこと，周囲の期待を
考えると，簡単にはやめられなかった」と話
した。一方，「続ける方が難しい」と回答し
た生徒たちは，「やめることはすぐにできる」
と話した。

**５ 主 あなたなら，販売を続けますか。
それとも，やめますか。**

■周囲の反対にどう対処するか考えさせ，
自己を見つめさせるための発問である。

黒板にどちらの立場かネームカードを掲示
させた後，理由をたずねた。

続ける…12名

・自分で決めたことはやり遂げたい。

・反対されて途中でやめるなんて悔しい。

・ほかの人が「できない」と言ったからと
いって，そう決まったわけではない。

やめる…8名

・反対されてまでやりたくない。

・反対されたら，やる気が失せる。

・周囲の協力がないと達成は難しい。

・反対されると，精神的につらい。

・別に自分の得になるわけでもない。

・環境によってはできないこともある。

「やめると考えた理由はきっと多かれ少な
かれ，人の心のなかに起きますよね」と認め
た上で，「実際，周りからこのような意見が
あったそうです。ビビアン・ハーさんは，『で
きる』と答えて行動しました」と伝えた。

**６ビビアン・ハーさんのような生き方
をしたいですか。**

■自らの理想とする生き方について振り
返らせるための発問である。

17人が肯定したが，3人が「いいえ」と答
えた。

それぞれ理由をたずねた。

いいえ

・自分で稼いだお金を全額寄付するなんて
生き方は自分にはできない。

はい

・彼女のように最後までやり遂げたい。

・ビビアンのように，自分のやりたいこと
に向かって，強い精神力で生きたい。

・ほかの人の役に立ちたい。

**７あなたの生き方はビビアン・ハーさ
んの生き方に近いですか。**

■自己を振り返らせるための発問である。

ビビアンさんの生き方に近いを「4」，そう
でないを「1」として，4段階で自己評価さ
せた。

4は0人，3は5人，2は8人，1は7人
となった。

「今までは難しくてできないという生き方
の人が多かったんだね」と補足した。

**８彼女の生き方から，今後，自分に取
り入れられそうなことは何ですか。**

■自分自身を振り返らせ，今後の生き方
を考えさせるための発問である。

ビビアンさんのような生き方をしたい17名
の生徒には，1が2，2が3となるために，
彼女の生き方から何を取り入れられるかとい
う観点で振り返らせた。また，ビビアンさん
のような生き方をしたくない3名の生徒に
は，ビビアンさんの生き方に何を学ぶことが
できたかを振り返らせた。

●生徒の感想

・自分はどちらかというと，失敗を恐れて
挑戦することを諦めることの方が多い。
自分もがんばろうと思った。

教材1 『メイク・ア・スタンド～立ち上がれ子どもたち～』 ビビアン・ハー：作 ワンネス出版 p.3より

ある日、頭から岩をくくりつけた二人の男の子の写真を見たの。

私はこの子たちが奴隷のようにされているって知ったわ。

3

教材2 「ひと レモネードで途上国の児童労働を減らすビビアン・ハーさん(14)」
朝日新聞 2017年12月27日

　一枚の写真がきっかけだった。背中がすっぽり隠れるほど大きな石を背負う2人の男の子。彼らはネパールの山中で，石を運ぶ仕事に従事させられていた。

　学校に行けない子どもがいると知り，決意する。手作りのレモネードを売ってお金を集めよう。当時8歳。米カルフォルニア州にある自宅近くの公園で声を張り上げた。「1杯2ドルです。児童労働解消のために買って下さい」

　1カ月が経ったころ，ある考えを思いつく。「買う人に値段を決めてもらえば，もっと高く売れるかも」。狙いはあたり，ある人は200ドルを払ってくれた。

　小さな女の子のささやかな挑戦はSNSで話題になり，豪州や香港からも資金を出してくれる人が現れた。売り上げは半年で1千万円を超え，児童労働をなくす活動をする団体に全額寄付した。

　「お金があればさらに多くの子どもが解放されるはず」。今度は瓶詰のレモネードを売ることを考え，会社を作って販売を始めた。社長は父に頼んだ。米誌で「注目の女性起業家」に選ばれ，ダライ・ラマ14世が主催するイベントにも招かれた。

　11月に初来日し，こう訴えた。「今はアイデアを世界中から分かち合い，子どもでも変化を起こせる時代です」。講演後には中学生らしい素顔ものぞかせた。「おすしをいっぱい食べたい」

（福岡県　水流弘貴）

| 1年 |
| 2年 |
| 3年 |

多様性を認め，互いを受け入れる風土をつくる

6. NIKEのマネキンは必要か

感　動	★★☆
驚　き	★★★
新たな知恵	★☆☆
振り返り	★★☆

CD-ROM
1-6
授業用
パワーポイント

　偏見はいけない。このことは，多くの中学生にとって常識です。しかし，そうした偏見が自分自身に潜んでいるということを多くの生徒は実感していません。NIKEのマネキンがツイッター上で世間を騒がせました。人間が多様であるのに，マネキンが多様であってはいけない理由があるのでしょうか。なぜ，NIKEのマネキンに出合うまで，そうした存在がないことに疑念を抱かなかったのでしょうか。自らの偏見に気づかせることで多様性を認め，お互いを受け入れる風土を育てたいと考え，授業を創りました。

 「『ぽっちゃりマネキン』に込めたナイキの戦略 ロンドン発、日本でも話題に」
J-CASTニュース　2019年6月14日　https://www.j-cast.com/2019/06/14360130.html?p=all
ビジネス＆メディア ウォッチ

■ 教材の概要 ■

　米国に本社を置く世界的スポーツ用品メーカーであるNIKEの女性向けウェアをディスプレーする一つの「マネキン」が，ツイッター上で話題を呼んだ。マネキンといえば細身の体型が多いなか，NIKEのそれはふくよかな女性をターゲットにしたものであった。われわれ人間が無意識に抱く偏見に気づかせるのにとても適した教材である。

■ 授業構成 ■

0　　3　　5	9	19	26 28	36	42	50(分)
●発問● 世間を騒がせたものとは？ ／写真① ／●発問●なぜ，世間を騒がせた？	● 発問 ● マネキンは必要？	● 発問 ● マネキンは必要？	資料 提示	●発問● マネキンが教えてくれることとは？	●発問● 今後，どのようなことを意識し生活していきたいか？	授業の感想

協働的な学び　ネームカードで見える化し，変容を実感させる。

■ 本時の授業を中心に見取った評価文の例 ■

　偏見はいけないというだけの考えから，班で話し合うなかで自らの偏見に気づき，自らも気をつけ，多様性を認め，お互いを受け入れることの大切さを深く学んでいました。

協働的な学びの度合い ●●●●●●●　　授業準備度 ●●●●●●●

ねらい

　2つのマネキンの必要性を考えさせることにより，私たちが無意識のうちに抱えている偏見に気づかせ，さまざまな見方や考え方を受け入れていこうとする心情を育てる。

　　　　　　　　C11［公正，公平，社会正義］

準備

・ナイキのマネキンの写真（イラスト）掲示
・教材（32ページに掲載）

授業の実際（3年で実施）

　写真（イラスト）を提示すると，生徒たちは一同に「マネキンだ」と叫んだ。そこで，一般的な左のマネキンを示し，「このマネキンと一緒に並び，世間を騒がせたものがロンドンにあります。何だと思いますか」と発問した。生徒の資料に対する興味・関心が高まったところで，右のようなふくよかなマネキンを提示した。

■なぜ，ふくよかなマネキンの写真は，世間を騒がせたのでしょう。

■生徒の心の内にある偏見を引き出す発問である。

　挙手した生徒を指名して発表させると「マネキンがふくよかだから」と発言した。周りにいる生徒たちもうなずきながら聞いていた。続けて，次の発問を行った。

② 対 このマネキンは必要ですか。

■ふくよかなマネキンの必要性を問うこ

とで，そのマネキンの存在意義についての理解を深めるための発問である。

　必要か不必要かを黒板にネームカードを張らせて立場を明らかにさせた。

　「必要…22名」「不要…4名」と意見が分かれた。理由は次の通りである。

必要

・いろんな体型の人がおり，想像しやすい。
・想像するためにもあった方がよい。

不要

・太っている人を馬鹿にしているようだ。
・不快な気分になる。
・太っている人に失礼だ。

　以上の理由を黒板に取り上げた後，不要派の4名を分け，それぞれに必要派の生徒を複数名割り当てて，意見交流させた。

　意見交流を終えた後，ネット上でのさまざまな意見についても，プレゼンで提示した。

必要

・多くのお母様が救われそう。
・絶対に需要ある。痩せていればダイエットしないから。一番ダイエットしない理由は服がないからなんだよな。
・有難いよ。鍛えたい。痩せたいおデブはいるよ。着れるウェアがないから（運動を）やらない人は多いと思うよ。

不要

・太りすぎているので，ランニングができるとは思えない。
・格好いいナイキのウェアは似合わない。
・病気をしているのではないか。
・ナイキの評判を下げてしまう。

　その後，再度，「必要であるか」「不要であるか」立場を問うた。

③ 対 このマネキンは必要ですか。

■さまざまな立場の意見を考慮に入れ，最終的に自らの立場を見つめ直すための発問である。

　「必要…25名」「不要…1名」と，一部の生徒の間で変容が見られた。そこで，まず，「不

要」の生徒の意見をたずねた。すると，その生徒は，「右のマネキンはただふくよかなだけではない。ポーズをしている。このポーズは，自分には差別をしているように思える。もし，左側の一般的なマネキンと同じポーズをとり，直立であるならば，このマネキンも必要かもしれない」と発言した。「必要」の立場をとり続けた生徒たちも，この意見にはとても共感していた。「一人になっても自分の考えを堂々と発言する姿勢」「立場は違えど，互いの考えを尊重し合う態度」を評価した。

　以下にマネキンに対するナイキの考えを提示した（教材参考）。

> 　当社は日ごろからアスリートたちの声を聞いており，女性たちがスポーツウェアに多様でインクルーシブな製品を望んでいることを承知している。全てのアスリートをサポートするのが当社の使命で，今後も多様な消費者の意見を反映するために製品ディスプレイの方法を進化させ続けていく。

　「今後日本でも同様の展開を進める予定があるかについて，ナイキジャパン広報は『最適なサービス展開やお客様のニーズに応える方法は，継続的な検討を続けていきます』と話しています」と補足した。「もしかしたら日本でも見られるかもしれない」という声も聞こえた。

4 🉑 このマネキンが私たちに教えてくれることは何ですか。
　■マネキンの存在意義について考えさせ，教材からの学びをまとめさせる発問である。
　キーワードを考えさせ，その言葉を考えた理由を発表させた。
　「勇気」「考え・視野の狭さ」「多様性」「常識にとらわれない」「やる気」「個性を尊重する」「ありのままでいい」などが挙げられた。

5 今後，生活していく上でどのようなことを意識し，生活していきたいですか。
　■自らの気づきをもとに実生活を振り返

らせ，今後の生き方について見つめさせる発問である。

　生徒たちからは，次のような意見が出た。「人の個性を馬鹿にしない」「勇気をもつ」「常識にとらわれない」「視野を広げる」「互いを尊重する」「ありのままを大切にする」「誰もが快適に過ごせるようにする」「決めつけない」「発言に気をつける」「ものの意味（存在意義）を考える」

　最後に，今日の授業で感じたことや考えたこと，学んだことを自由に記述させた。以下に，その感想を一部掲載する。

●生徒の感想
・このマネキンの写真だけで，いろいろなことが考えられるのが，とてもすごいなと思いました。自分は賛成派でしたが，反対派の意見も考えるところがありました。それでも，結局このマネキンは必要だと思いました。理由は，今までモデルのような細いマネキンしかなく，実際，そんな体型の人は，ほんの少ししかいないため，さまざまな体型のマネキンが必要だと思ったからです。
・今日の授業で，○○さんが「ポーズが悪いよね」と言いました。自分は「確かにそうだな」と思いました。自分は，そのとき細い・太いだけで見ていましたが，ポーズも個人的な考えではありますが，「悪意がある」「馬鹿にしている」と考え，「差別しているのではないか？」と考えがまとまりました。賛成派の人と話し合いのときに，「こういうマネキンがあるのを見て，『よし，やせよう！』と思う人もいるかもしれない」という意見や「商品の多様性がある」という意見などがあり，「なるほどな！」と思いました。お互いに違う意見でも，話し合いをしていて気づくことが多くあるということを知りました。すごくよい経験になりました。

「『ぽっちゃりマネキン』に込めたナイキの戦略 ロンドン発, 日本でも話題に」

J-CASTニュース　編集部 青木正典　2019年6月14日　https://www.j-cast.com/2019/06/14360130.html?p=all

　米国に本社を置く世界的スポーツ用品メーカー・NIKE（ナイキ）の女性向けウェアをディスプレーする1つの「マネキン」が, ツイッター上で話題を呼んでいる。

　マネキンといえば細身の体型が多い中, ナイキのそれは珍しい「ぽっちゃり体型」で, これにぴったりフィットする大き目サイズのウェアを展示。ツイッターでは「絶対に需要ある」などの声があがった。

「金額より, サイズあるかどうか」

　話題のきっかけは2019年6月7日, あるツイッターユーザーの「NIKEがぽっちゃりウェアの販売を強化。このマネキンはリアルでいい」という投稿。アップした写真には, 確かにふくよかな女性のマネキンが写る。上下に黒のスポーツウェアを着用しており, ジャストフィットしていることからかなり大き目サイズのようだ。

　マネキンでこうしたサイズが展示されていることは反響を呼び, ツイッターで10万件以上の「いいね」を集めた。また, 「多くのお母様が救われそう」「絶対に需要ある。痩せてればダイエットしないから。1番ダイエットしない理由は服が無いからなんだよな」「有り難いよ。鍛えたい, 痩せたいおデブは居るよ。着れるウェアがないから（運動を）やらない人は多いと思うんよ」「僕みたいに, 肥満の人のが, ないんだよねー, 金額より, サイズあるかどうか, からさがすから」などの声があがっており, ウェアへのニーズは高そうだ。

　実際, ナイキでは女性向け大き目サイズの商品販売に注力している。J-CASTニュースが12日ナイキジャパン（東京都港区）広報を取材すると, このマネキンはナイキが17年から北米や欧州で展開する大き目サイズのシリーズ「ナイキ・プラスサイズ・コレクション」のためのものだという。

　同シリーズは「全てのサイズで完璧なフィットを展開する」ことをコンセプトに, 多様なサイズ, カラー, スタイルのウェアを展開。広報は「（米国サイズの）1Xから3Xまで, 完璧なフィットを実現します」としている。

日本での展開「継続的な検討を続ける」

　今回ツイッターで話題になった写真は, 英国ロンドンに構える旗艦店「ナイキタウン」の店内で撮影されたものだ。同店は6月上旬にリニューアルオープンし, 「女性用フロア」を新設した。同社は「スポーツの多様性と包括性を祝福したい」としており, 上記シリーズの大き目ウェアを展示するため, それに合わせた大き目のマネキンを取り入れた。なおマネキン自体は 一部の北米店舗で18年に使いはじめたという。

　大きなウェアとマネキンを旗艦店で大々的に展示することは一部反発も招いた。米FOXニュースによると, 英テレグラフのコラムニスト, ターニャ・ゴールド氏は「肥満との戦いを諦めたのか」などと持論を展開した。ただ, これが逆に「プラスサイズ」支持者に火を付けた。著名人がロンドンのナイキタウンを訪れ, マネキンの隣で写真を撮ってインスタグラムに投稿するなどの動きにつながっており, 共感を集めている。

　今後日本でも同様の展開を進める予定があるかについて, ナイキジャパン広報は「最適なサービス展開やお客様のニーズに応える方法は, 継続的な検討を続けていきます」と話している。

（福岡県　水流弘貴）

<table>
<tr><td>1年</td></tr>
<tr><td>2年</td></tr>
<tr><td>3年</td></tr>
</table>

叡智が詰まったルールの意義を考える

7. ジェスチャーは何のため

感　動	★★☆
驚　き	★☆☆
新たな知恵	★★★
振り返り	★★☆

CD-ROM
1-7
授業用
パワーポイント

　高校野球では選手による派手な動きは注意を受けます。一方でプロ野球の審判のジェスチャーは結構派手なもの。これらは実は矛盾しているようで矛盾していません。さらに審判のジェスチャーにはもともとユニバーサルデザインの精神があったのです。規則の大切さと優しさを考えさせたくて，この授業を創りました。

 新たな知恵

『耳の聞こえないメジャーリーガー　ウィリアム・ホイ』

ナンシー・チャーニン：文　ジェズ・ツヤ：絵　斉藤洋：訳　光村教育図書

■ 教材の概要 ■

　「ストライク」や「セーフ」など，野球の審判のジェスチャーを考えた，メジャーリーガーだったウイリアム・ホイ選手の伝記です。一方，高校球児の派手なポーズが禁じられているのには，何と規則があったのです。矛盾しているようで矛盾していない，この2つの事実を照らし合わせながら，考えさせたい教材です。

■ 授業構成 ■

●発問●野球審判のジェスチャーは誰が考えた？

0　2	5	8	13　15		28	32	35	40	45	48 50(分)
審判の写真	●発問●審判のジェスチャーをどう思う？	●説明●高校野球の注意	●発問●高校野球ではなぜ注意？	教材①	●発問●プロ野球審判はなぜよい？	教材②		●発問●よいと考えた理由？	教材絵本	●発問●恩恵を受けるのは誰？｜感想

協働的な学び　4人班で話し合い，小ホワイトボードにまとめ掲示➡類型化する。

■ 本時の授業を中心に見取った評価文の例 ■

　スポーツの審判によるジェスチャーの意図について思いやりやきまりなどいろいろな視点から考えました。ルールやマナーについて自分が不足していた視点を発表しました。

協働的な学びの度合い ●●●●●●　　授業準備度 ●●●●●

ねらい

ルールやマナーを守ることがお互いに気持ちよい社会の実現につながること，それは人の英知により成立してきたことに気づき，それらを大切にしていこうという心情を高める。
C10［遵法精神，公徳心］

準備

・教材1（36ページに掲載）　生徒数分
・小ホワイトボード　班数分
・実物投影機
・教材2（36ページに掲載）　提示用

授業の実際（3年で実施）

いろいろなスポーツの審判の画像を大型テレビに大きく提示する。「スポーツの審判は判定するときに，笛を吹いたり，カードを出したり，ジェスチャーをしたりしますね」と言って，セーフやストライクなどのジェスチャーを野球で確認した。

「プロ野球では，審判によってはこのように派手なジェスチャーをする場合もあります」と説明し，敷田直人審判員の「卍ポーズ」のジェスチャーをやって見せた。野球中継を録画して見せることもできる。

■審判のジェスチャーをどう思いますか。

■審判のジェスチャーについて，あまり情報を与えていないなかでの生徒の第一印象を確認する発問である。

列指名で答えさせた。次のような発表があった。

・選手は自分によい判定だったら気持ちいいだろうと思う。
・わかりやすい。
・見る方は楽しい。

「高校野球の話をします。2018年の夏の甲子園で，投手の吉田輝星さんのチームは決勝まで進む大活躍をしました。しかし，審判団

から吉田選手は注意を受けることがありました。服装や言葉遣いが悪いとか，あいさつができないとか，遅刻するとかではありません」と説明すると，何でだろうという表情をしていた。

「吉田投手が投球に入る前に見せる仕草は，刀を抜くようなポーズに見られることから"侍ポーズ"と言われました。このポーズをとることを審判団から自粛するように口頭で注意されたのです」と説明し，その仕草をして見せた。生徒からなぜか「おおー」と声があがった。インターネットには野球観戦時に撮影したような投稿動画があるので，それを見せることもできる。

何人かは「これくらいならよいと思った」と答えた。そこで「そうだね，何でダメだったんだろうね」と言って次の問いにつなげた。

■高校野球の選手がポーズをとることで，なぜ注意を受けるのでしょう。

■視点を変えて，高校球児がジェスチャーをすることの是非を考えさせる発問である。

ペアで話し合わせて，数人指名して答えさせた。次のような発表があった。

・競技に関係がないから。
・ふざけているように思えるから。
・礼儀知らずのように見えるから。
・相手チームが，むっとするから。

「大会本部から『試合に関係のないパフォーマンスだから』という理由で注意を受けたそうです」と説明し，日本高等学校野球連盟審判規則委員会が作成した2019年「周知徹底事項」（教材1）の「2 マナーの向上について⑤喜びを誇示する派手な「ガッツポーズ」などは，相手チームへの不敬・侮辱に繋がりかねないので慎む」を大きく提示した。

その後，教材1を配付し，ほかのマナーに関することも補足を加えながら説明した。

■ 🧈 プロ野球の審判はなぜ派手なジェスチャーをしてもよいのでしょう。

■プロ野球の審判のジェスチャーの意義を確認する発問である。

4人班で話し合わせて，小ホワイトボード

に班の意見をまとめさせて掲示した。その後，意見を類型化した。

「プロだからお客さんを楽しませなければならないから」という意見の班が多かったが，次のような発表も出てきた。

・審判は判断したことをわかりやすく伝えないといけないので，許されている。
・判定することは上手にできるから，応用として認められた。
・大人だから自由が認められている。
・規則自体で認められている。

「通常，プロの審判員になってから約3年間は，ストライクでは右腕を挙げるだけの基本形を徹底的に体に染みこませるそうです。そして，一人前のお墨付きを得た審判員だけが，独自のポーズを許されるのだそうです」と説明し，教材2を大きく提示し，審判の思いについて解説した。この教材は審判員のプロ意識を感じさせることができる。

4 野球の審判がジェスチャーをすることは誰が考えたのでしょう。

■審判のジェスチャーの起こりに隠された道徳的価値に意識を向ける発問である。

挙手した生徒2名に答えさせた。
・野球協会の人たち
・審判部の人たち

「野球の審判は，初めは声だけで判定を言っていたのですが，後でジェスチャーが入ってきたのです。それを変えたのが，アメリカのメジャーリーグの選手だったウイリアム選手です」と説明し，『耳の聞こえないメジャーリーガー　ウィリアム・ホイ』に掲載されているイラストを大きく提示した。

5 なぜ，ウイリアム選手は判定にジェスチャーをつけたほうがよいと考えたと思いますか。

■審判がするジェスチャーの意義を理解するための発問である。

前の問いがヒントとなっているので生徒には答えやすかったようだ。挙手した生徒に発表させ，次のような5つになった。

・選手や観客にとって判定がわかりやすくなるから。
・見るだけでわかるから，言葉もいらなくなるから。
・試合を遠くで見ている人にとっても，判定がわかるから。
・プロの世界だから，見た目も派手な方がよいから。
・早くわからないといけないので，ジェスチャーを見る方が一瞬でわかるから。

ここで前掲書を一部範読した。絵本なので，実物投影機で大きく絵本のページを映しながら，2ページから23ページまでを読んだ。

以下の要点を板書した。
・ウイリアム・ホイさんは小さい頃病気で耳が聞こえなくなる。
・野球がうまかったのでメジャーリーグから誘われる。
・審判の判定が聞こえないので困る。
・「判定を言うとき，このような身振り手振りを入れてほしい」と頼む。

「判定を言うときにジェスチャーをつけるようになったことで，ウイリアム選手は野球がやりやすくなりましたね」と確認して，さらに次の問いをした。

6 審判のジェスチャーで，恩恵を受けるのはウイリアム選手だけでしょうか。

■審判がするジェスチャーの意義を理解するための発問である。

これも挙手した生徒に発表させた。
・遠い席の観客にもわかりやすい。
・選手も，見てすぐ判定がわかるのでありがたいと思う。

最後に「野球ではサインを使いますが，これを考えた一人がウイリアム選手といわれています」と言って，前掲書のp.24を見せた。

●生徒の感想
・体が不自由な方に対して優しいことは，誰に対しても優しいので，他人事にしてはいけない。
・一人の思いが大きなルールになっていくんだなと思った。

教材　教材1　2019年「周知徹底事項」日本高等学校野球連盟 審判規則委員会

　高校野球は甲子園の全国大会も都道府県大会でも，すべて同じ考え方で運営されていなければなりません。また高等学校野球連盟の役員と審判委員は，いつも同じ考え方，同じ立場で高校野球を運営，指導すべきです。以下について，周知徹底をお願いします。

（中略）

2 マナーの向上について

①準備投球時，打者や次打者などがダートサークル付近に近づき，タイミングを測る行為はしない。

②走者およびベースコーチなどが，捕手のサインを見る行為，打者にコースおよび球種を伝える行為ならびに打者がベンチに投球のコースおよび球種を伝える行為を禁止する。このような疑いがあるときは，審判委員はタイムをかけ，当該選手および攻撃側ベンチに注意を与え，すぐに止めさせる。

③ベースコーチが，打者走者(走者)の触塁に合わせて『セーフ』のゼスチャーおよびコールをする行為はしない。

④本塁打を打った打者の出迎えはしない。

⑤喜びを誇示する派手な「ガッツポーズ」などは，相手チームへの不敬・侮辱に繋がりかねないので慎む。

⑥投手はロジンバッグを投手板の後方に置き，指先だけで使用し，丁寧に取り扱う。

（後略）

教材2　【出動！特命記者】プロ野球審判員の世界・前編「卍の敷田」
サンスポ・コム　2015年1月6日より
https://www.sanspo.com/baseball/news/20150106/npb15010610000001-n1.html

★アンパイア・コレクション

◆今季7年目の大和貴弘審判員（31）「1メートル75とそれほど大きくないので，大きなジェスチャーで見やすく，を心がけている。切れを大事にして，鏡の前で練習しています」

◆同15年目の牧田匡平審判員（35）「僕は体の線が細いけれど，切れを見せることで説得力も増す。まずは正しいジャッジが大事だけれど，アンパイアもプロだから格好良く決めないといけない」

◆同26年目の西本欣司審判員（48）「先輩や大リーグの審判員をいろいろ見て研究した。自分の体格に似た審判員のポーズを参考にした」

◆同40年目の井野修技術委員長（60）「私は体が大きかったので，切れをアピールするジャッジはあまりうまくできなかった。だから，あえてゆっくり見せるスタイルにした」

★藤浪もファン

　阪神・藤浪晋太郎投手（20）も，敷田審判員の「卍」がお気に入りだ。正月のテレビ番組で「敷田さんは好きですね」と打ち明け，昨年の練習中には「卍」のジェスチャーをまねしたこともある。ズバッと見逃し三振に仕留めるのは，投手にとって快感。審判の決めポーズは，最高のシーンを演出するスパイスでもある。

（熊本県　桃﨑剛寿）

生命の尊厳を実感する
〜命を守り抜く〜

学校が一番大切にしなければならないことは何か。それは生徒の命を守ることである。生徒が自分の命の大切さ，自国のみでなく世界の人々の命の大切さ，生きとし生けるものの命の大切さを心に刻み込むような授業を実施することは我々教師の使命である。それを完遂する授業がここにある。

第2章

生命の尊厳を実感する
～命を守り抜く～

8. 2枚の家族写真 [D21 感動, 畏敬の念]

　生きていればきっと幸せがやってくる。生きることができなければ, 生きていた証だけが残される。そのことに気づかせる対照的な2枚の家族写真から, 命を慈しむ心を育てる。

9. どこに捨てたら [D19 生命の尊さ]

　動物愛護センターから供給されたポスター。そこには捨てられる悲しみというペットの気持ちが記されている。このポスターを使い, 生きとし生けるものの命の重さを実感させる。

10. つなみてんでんこ [D20 自然愛護]

　東日本大震災で起きた津波は甚大な被害を出した。そこで取り上げられた「つなみてんでんこ」という考えは賞賛される一方でそればかりではない評価も受けている。このことを素材に命を守ることの意味を考える。

11. ゴミ捨て場に生きる人々 [C18 国際理解, 国際貢献]

　世界に目を向けると, まだ子どもの人権や命が手厚く守られているとはいえない地域がある。その地域の子どもたちは生きる希望を見いだせていないか。否。生きる目標を明確にもっている子どもたちに学ぶ。

12. 答えは変えられる [C18 国際理解, 国際貢献]

　国境なき医師団に籍を置く看護師の白川優子さんは南スーダンの厳しい状況を訴えながらも未来を変えることはできると説いている。世界に目を向けて平和とは何かを考え, また人の命が大切にされる社会づくりを考えさせる。

13. 犬派ですか猫派ですか [D19 生命の尊さ]

　死別は苦しみを伴う。寿命が人間よりも短いペットとの死別には「ペットロス」という言葉が認知されたほどである。その覚悟をもってペットを飼ってほしいという願いが込められた授業である。

運命への畏敬

8. 2枚の家族写真

感 動	★★★
驚 き	★★☆
新たな知恵	★☆☆
振り返り	★★☆

CD-ROM
2-8
授業用
パワーポイント

　カメラマンである故・沢田教一さんは1965年ピュリツァー賞を受賞しました。受賞作「安全への逃避」は，言葉では言い表せない悲壮と希望が込められている，川を渡る家族の写真です。その言い表せない思いを伝える授業ができないかと長年思っていたところに，その家族の後日談，そしてまったく対照的な家族写真「消えたかぞく」に出合い，授業化に成功しました。

 写真「安全への逃避」沢田教一：撮影
『ヒロシマ　消えたかぞく』
指田和：著　鈴木六郎：写真　ポプラ社

■ 教材の概要 ■

　戦争中であっても広島のまちには笑顔にあふれた家族の日々の暮らしがありました。愛情あふれる家族写真を撮っていた，理髪店を営む鈴木六郎さん一家もそうでした。しかし，原爆の投下で一家は「消えて」しまいます。命のかけがえのなさや平和の大切さを考えるのに最適の写真絵本です。

■ 授業構成 ■

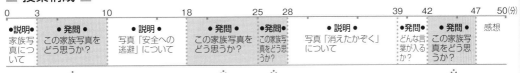

0　　3　　　　　　10　　　　　　18　　　　25　28　　　　　　　　　39　42　　47　50(分)

| ●説明● 家族写真について | ●発問● この家族写真をどう思うか？ | ●説明● 写真「安全への逃避」について | ●発問● この家族写真をどう思うか？ | ●発問● この家族写真をどう思うか？ | ●説明● 写真「消えたかぞく」について | ●発問● どんな言葉が入るか？ | ●発問● この家族写真をどう思うか？ | 感想 |

協働的な学び　班で意見を出し合い，思ったことを共有する。

■ 本時の授業を中心に見取った評価文の例 ■

　戦争で消えてしまった家族に生きていた証(あか)しがあったことを，その家族の写真やエピソードから感じ，運命を畏れる気持ちをワークシートにまとめていました。

協働的な学びの度合い ● ● ● ● ● ● 　　授業準備度 ● ● ● ● ● ●

ねらい

2つの家族の対照的な運命を通して，生命の限りない重さとそれを左右する運命に悲しみや畏れを感じる道徳的心情を高める。

D21［感動，畏敬の念］

準備

・教材 写真「安全への逃避」『泥まみれの死』沢田サタ：編集 講談社文庫p.84（本書42ページに掲載） 提示用
・写真 前掲書p.216 提示用
・『ヒロシマ 消えたかぞく』 提示用
・プロジェクター・実物投影機

授業の実際（3年で実施）

「私のスマホの待ち受け画面は家族写真です」と言って「家族写真」と板書した。「家族写真ってどんな写真が多いでしょうか。そのイメージを隣の人に話してください」と指示をした。生徒は身ぶり手ぶりを加えて説明し合っていた。

「1枚目の家族写真を見せます。撮影した人は沢田さんです」と言って，写真「安全への逃避」を大きく提示した。

生徒が静まりかえるなかで「自分のイメージした家族写真と近かった人はいますか」と聞いた。誰も手を挙げなかった。

「この写真は1965年9月6日ベトナム戦争のなか，ベトナムのある村で撮影されました。村が攻撃されたとき，村から逃げて川を泳いで渡っていた2つの家族を報道カメラマンの沢田教一さんが写しました。『安全への逃避』というタイトルがつきました。沢田さんが写したこの写真はアメリカにおける新聞，雑誌などの功績に対して授与される有名な賞であるピュリツァー賞を得ました」と説明した。

1 🈴 **この家族をどう思いますか。**
■写真から伝わる悲壮感を共感させる発問である。

6人班をつくらせた。付箋紙に思ったことを1枚に1つ書かせた。42ページのワークシートを印刷したA3用紙を各班に配布し，①にそれぞれが書いた付箋紙を貼るように指示をした。同じ意見は重ねるよう指示をした。2つの班に発表させ板書した。ほかの4つの班にも，ほかにないか発表させた。

・必死に生きようとしている。
・これからどうなるのだろうという不安。
・助けてほしい。
・家族が力を合わせている。
・お父さんやほかの家族は生きているのか。

「説明を加えます。カメラマンの沢田さんは撮影1年後の1966年6月に『安全への逃避』に写った2つの家族を訪ね，それぞれの家族に1年の生活費にほぼ相当する金額を送りました」と説明し，『泥まみれの死』216ページの写真を大きく提示した。その家族が沢田さんと笑顔で再会している写真である。

さらに，「故・沢田教一さんの写真展が2017年8月に日本で開催されました。写真『安全への逃避』のなかに，当時2歳で母親に抱かれて写っているグエン・ティ・フエさんもそのときは54歳で初来日されました。母の腕に抱かれて川を渡った当時2歳のフエさんが，沢田さんについて語るインタビューによると，渡りきった家族に沢田さんは手を差し出し，岸に引き上げたそうです。そして，催涙ガスで涙が止まらないフエさんに気づき，自分のハンカチを水でぬらして目をふいてくれたそうです。後日，沢田さんは，36万円の賞金のうち6万円を渡し，受賞作品に『幸せに』と書いて贈ったそうです」と説明した。

2 🈴 **この家族をどう思いますか。**
■生き抜いた情報を得たことで，この家族に対する印象が変わることを自覚させ，生きることが強い希望につながっていくことを自覚させる発問である。

付箋紙に書いてワークシートの②のボックスに貼っていく活動と発表を先と同じように行わせた。

・生きることができてよかった。
・苦しくても生き抜いたらよいことがある。

・大変な家族がたくさんあったなかで生き抜けたことは本当によかったと思う。

・戦争が終わり，平和になって本当によかった。

・日本にも同じような家族がいっぱいあったと思った。

これらを黒板の表のなかに板書していった。

「次に，2枚目の家族写真を見せます。撮影した人は鈴木さんという理髪師の方で，この家族のお父さんです」と説明し，『ヒロシマ　消えたかぞく』3ページの鈴木六郎さんが写した写真を大きく提示した。

最初に家族写真でイメージしたものとこの写真は近いか聞いたら，挙手した生徒がほぼ全員であった。自分たちの環境はこちらに近いことの自覚を促す問いかけである。

前掲書の4ページから17ページまでを大きくプロジェクターと実物投影機を使い，見せていった。幸せな家族の様子が伝わってくる。

3 🈯 この家族をどう思いますか。

■ほのぼのとした写真から家族のもつ素晴らしさを自覚させる発問である。

付箋紙に書いてワークシートの③のボックスに貼っていく活動と発表を先と同じように行わせた。

・愛情に包まれている。

・笑顔がいっぱいで幸せそう。

・うらやましい。

・いつも一緒にいる感じがする。

・少し裕福そう。

・子どもをとても大切にしている。

・ひと昔前の理想的な家族。

この家族写真のコピーを黒板の表のなかに貼り，生徒の発表を板書していった。

「この家族の写真はいつ頃，どこで撮られた写真と思いますか。戦時中の広島市で理髪店を営んでいた鈴木六郎さんが家族を写した写真です。1945年8月6日に原子爆弾が落とされる直前までの写真を見てもらいました。この続きを見てもらいます」と言って，前掲書の18ページから33ページまでを大きく見せていった。

原爆が投下され，この家族が次々に亡くな

り，「消えていく」様子が記述されている。生徒も声が出ないようで教室は静まりかえっている。

前掲書の34ページ，35ページを大きく見せた。鈴木六郎さんがまとめたアルバムの1ページに，エビを捕まえる子どもの写真に「ぼくの子ども時代そっくりだ　ぼくの二世も始めた　その次の三世も　そっくりやるだろう」と書かれてある。「その次の三世とは六郎さんにとっての孫になります。そっくりやることができたでしょうか」と確認した。

前掲書の36ページを一部隠して見せた。

> すべてをうばいさった，あの原爆。
> でも，このかぞくが（　　　　　）を
> 消すことまでは，けっしてできません。

4 どんな言葉が入ると思いますか。

■亡くなった鈴木六郎さんのご家族の畏敬と尊厳を感じさせる発問である。

隣同士で考えたことを話し合わせた後に，あまり時間をおかず「生きた証」と書き加えた。

5 この家族をどう思いますか。

■問いに対して生徒はすぐに言葉にしづらいが，生命の尊さを自覚させる発問である。

付箋紙に書いてワークシートの④に貼るように指示をしたが，なかなか書けない。書いていた3人の生徒を指名して発表させた。

・1日でこんなにも変わってしまい，つらいとしか言えない。

・何も言えない。

・せめて天国で幸せになってほしいと願うしかない。

これらを黒板の表のなかに板書した。

「2つの家族の境遇を写真から考えました。各班で書いた表を見ながら，思ったこと，考えたことなどをワークシートに書いてください」と指示をした。

生徒は誰も話さないなかに，静かにワークシートに記入していった。

（写真提供：
UPI＝共同）

ワークシート

安全への逃避	①	②
写真		
鈴木さん家族	③	④
写真		

生徒の感想

・それぞれの家族の形が大きく変わっているのがとても伝わってきた。苦しかった家族が幸せになるのも，その反対も一瞬に起こってしまっていることに驚いた。

・ぼくはたった１枚の写真でこんなに考えさせられたのは初めてでした。この写真を見ていろいろ考えさせられました。あんなに幸せそうな家族の命が奪われたことがとても強く感じられました。

・自分が食べるものを選べて自由に生きていられることは，実はすごいことなんだと思いました。

（熊本県　桃﨑剛寿）

1年
2年
3年

生きとし生ける命を思う

9. どこに捨てたら

感　動	★☆☆
驚　き	★★☆
新たな知恵	★★★
振り返り	★★☆

CD-ROM
2-9
授業用
パワーポイント

　3年前，学校に掲示依頼をされた動物愛護のポスター。そのキャッチコピー「捨てられた悲しみは　どこに捨てたらいいですか?」は胸を突き抜ける衝撃をもつ言葉でした。「生きとし生けるもの」の命の大切さを考えさせたいと思う教材としてぴったりだと考え，すぐに授業化しました。

知恵
動物愛護ポスター
公益財団法人　日本動物愛護協会

■ 教材の概要 ■

　心に響くキャッチコピーとかわいいイラストだけではない。その下には心構えや動物を飼えることができる条件まで記されている。洗練された情報が詰まっており，さまざまな活用が可能であろう。
　また，このポスターからの授業を創る演習の材としてもとても有効である。価値が高い教材である。

■ 授業構成 ■

0　2	6	10	15	20　23	34	45	50(分)
●説明● ポスターを掲示	●発問● どこに捨てれば?	●発問● この悲しみをどこに捨てれば?	●説明● 生徒の考えを分類	●発問● 入る言葉?	教材	●発問● クリアしている?	交流	歌を視聴

┌─────────────────────────────────┐
│ 協働的な学び　自分のことをチェックしながら対話をする活動を行う。 │
└─────────────────────────────────┘

■ 本時の授業を中心に見取った評価文の例 ■

　いつも自分の生活に照らし合わせながら考える様子がうかがえました。特に動物愛護のポスターから学ぶ授業では，飼っている犬のことをますます大切にしていきたいと振り返り，責任をもつ意味に気づいた自分を見つめ直しました。

協働的な学びの度合い ●●● ◦◦　　授業準備度 ●●● ◦◦

ねらい

捨てられる動物の悲しみを思い，動物を飼う条件を考えることを通して，生きとし生けるものの命を大切にする心情を育てる。

D19［生命の尊さ］

準備

・動物愛護ポスター　提示用
・ポスターを大きく映すためのプロジェクターや大型テレビ
・教材（46ページに掲載）　生徒数分
・CD「いつか冷たい雨が」イルカ

授業の実際（1年で実施）

日本動物愛護協会のポスターにある猫のイラストの顔の部分だけ拡大して見せる。「猫かな」という声が出た。そこで胴体の部分も見せると，箱に入った状態や空き缶が置いてあることから，捨て猫のイラストとわかったようだった。このように一つ一つの部分を見せていくことで興味関心を高める。

次に言葉のなかの「どこに捨てたらいいですか？」という部分を見せる。そして最初の問いをした。

■この猫をどこに捨てたらいいと思いますか。

■生徒を挑発しながらも，「ペットを捨てる」主体は人間であることを自覚させる発問である。

「え？　ひどい」という声が最初上がった。列指名をしていった。

・もらい受けてくれる人を探す。
・捨ててはいけない。
・大切に受け入れる人へ。

「実は，『どこに捨てたらいいですか？』の前に言葉があります」と言って，「捨てられた悲しみは」を見せた。

「『捨てられた悲しみはどこに捨てたらいいですか』と猫はたずねていますね」と，その

②この猫は，捨てられた悲しみをどこに捨てたらいいと思いますか。

■捨てられた猫の無念さを推測させ，そのつらさに共感させる発問である。

2分ほど考えさせた後，席が近い生徒同士で意見交流をさせた。その後全員起立させて，一人ずつ発表させた。同じ発表内容であった生徒には座らせていった。

・（そのような場所は）ない。
・取り返しがつかない。
・自分の心の奥底。
・自分を捨てた人間。
・人間社会。
・新しく世話してくれるところ。
・あの世。
・どこか遠いところ。

これらを類別すると，その無念さから考え出されたもの，捨てた人間への怒りを表したもの，これから温かく迎えてくれる希望を表したものの3つが考えられることを教師の方から解説をした。

「これは日本動物愛護協会が作成したポスターの一部です」と説明した。「このポスターには次の言葉が載っていました」と説明し，以下を提示した。

> ペットは，おもちゃやファッションではありません。
> （　　　　　　　）ことも愛情です。

③（　　）の中にはどんな言葉が入ると思いますか。

■飼うのか飼わないのか，飼えるのか飼えないのか，考えさせるのにいざなう発問である。

席が近いもの同士で考えさせて予想を立てさせた。4人挙手したので指名した。

・責任をもつ。
・もらわない。
・飼わない。
・育てない。

「ポスターには，『飼わないことも愛情です』と載っています」と説明した。どのような意味になるのか隣同士で確認をさせた。「飼う資格が問題だよね」という声が生徒同士の会話のなかにあったので，「そうだね，飼う資格を考えたことありますか。このポスターにはそのことまで書いてあります」と説明し，以下のチェックシートを配付した。

日本動物愛護協会ポスターより

　その子を連れて帰るその前に，もう一度☑してみてくださいね。

□お住まいはペットを飼える環境ですか？

□家族に動物アレルギーの人はいませんか？

□寿命が来るその日まで，お世話をしてくれますか？

□ペットのお世話は365日お休みなしです。その時間と体力と覚悟はありますか？

□年をとったペットのお世話ができますか？

□ペットの一生にかかるお金をご存じですか？

□近所に迷惑をかけないようにルールを教えることができますか？

□転勤や引越が決まっても，一緒に連れて行けますか？

（一部省略）

---

4 👤 **あなたの家庭はこれらのチェック項目をクリアしているでしょうか。**

■**具体的に自分の状況を考えさせる発問である。**

　4人班をつくり，教師が1つずつ説明してそれについて各自チェックし，その結果について感想や意見を班のなかで交流させていった。

　たとえば，次のような交流があった。「お住まいはペットを飼える環境ですか？」という項目に対し，2人は「飼える環境である」と判断してチェックし，あとの2人は「飼える環境でない」と判断してチェックをしな

かった。

　その後に次のような対話が続いた。

Aくん「うちは家が狭いからだめだなあ」

Bさん「狭さは関係ないんじゃないかな。考えようでしょ。私の家は番犬がほしいから，庭に犬が動けるスペースをつくっている。実際飼えているからそんな環境にある」

Cくん「Bさんは一軒家だからね。わが家はペットが不可のマンションだから犬は飼えない」

Dさん「私のところは小型犬までは飼ってよいマンション。でも小さな赤ちゃんがいるから室内で飼える環境じゃない」

Aくん「それなら私の家はまだ飼える方かな」

　これを1分で10回繰り返した。そして，46ページに掲載している教材「飼い主に必要な10の条件」を配付して，「班の話し合いで自分が気がつかなかったことがあったら，赤でアンダーラインをしなさい」と指示をした後，範読をしていった。話し合った内容だけに，生徒は興味深く聞いていた。生徒同士の学び合いでは気がつかないことを道徳的な知識として補充するためである。

　たとえば，さきに示した「お住いはペットを飼える環境ですか？」というチェック項目では，説明のなかの「ペット飼育可の集合住宅であっても……周辺の住宅や環境への配慮を心がけなければならない」ということに対してアンダーラインを引いていた生徒が多かった。

　終末として，歌手のイルカさんの歌「いつか冷たい雨が」の歌を聴かせた。パワーポイントを使って，歌詞を大きく提示しながら聞かせた。生徒はしんみりと聞いていた。

①住宅がペットを飼える状況にあること

ペットと安心して暮らすためには，ペットを飼える住宅に住んでいることが絶対条件です。また，「ペット飼育可」の集合住宅であっても決められたルールを守り，その集合住宅内はもとより，周辺の住宅や環境への配慮を心掛けなければなりません。

②ペットを迎えることに家族全員の合意があること

ペットを家族に迎えるにあたっては，その家族全員が合意していることが大切です。十数年の寿命を持つ犬や猫を飼う際には特に重要です。

どのような家庭でも，10年以上の歴史を重ねていくうちには，家族構成や生活環境の変化が起こる可能性があります。そのような中であっても，家族全員が動物と暮らすことに合意をしているのであれば，家族に迎え入れた動物もその一員であることが前提となった対応がなされていくでしょう。そうあって欲しいものです。

③動物アレルギーの心配がないこと

家族内にアレルギー体質の方がいる場合には，事前に専門病院で動物アレルギーについても検査をしてもらいましょう。もし動物アレルギー発症の可能性のある場合には，どのような対策を講じるか，飼う，飼わないも含めて家族内で十分話し合いをしましょう。

④そのペットの寿命まで(終生飼養)飼育する覚悟があること

犬も猫も，適正に飼養すれば10年以上生きることができる動物です。動物を迎え入れた家庭は，そのペットの命を，寿命をまっとうするまで預かることになるのです。10年以上にわたって給餌，給水，快適な生活環境，健康管理を続けなければなりません。

ペットを飼いたいと思ったら，このことも十分考えてください。

⑤世話をする体力があり，その時間をさけること

ペットを家族に迎えれば，飼い主は，当然その動物のために時間を割かなければなりません。食餌や水を適切に与え，トイレの掃除，快適な生活空間の維持，犬の場合は散歩，種類によってはブラッシングなどの手入れなど，これらをこなせる時間と体力がなければなりません。

子どもの希望で飼い始める家庭もよくありますが，数か月後には世話は親の担当になってしまった，などもまれなことではありません。

これらのことを十分念頭に置いて，動物種，成長したときの大きさなどを，飼うか飼わないかを含めて，検討して下さい。

⑥高齢になったペットの介護をする心構えがあること

適切に飼育すれば，ペットも長生きします。しかし，それに伴って，ペットも老衰や認知症になるケースが増えてきています。

動物を家族に迎える以上，高齢になった動物の介護をする心構えも必要です。

⑦経済的負担を考慮すること

ペットは生きています。食餌代ばかりでなく，生活用品，ワクチン代など，人と同じようにいろいろな費用が掛かります。特に医療費は，病気やけがによっては思わぬ高額になる場合もあります。

民間会社によるペット保険はありますが，公的な保険制度はありません。動物を家族に迎えれば経済的に負担がかかる，ということも承知しておく必要があります。

⑧必要なしつけと周囲への配慮ができること

ペットと家庭内で楽しく暮らすには，ペットにある程度のルールを覚えてもらう必要があります。

最近では，悪いこと（飼い主にとって不都合なこと）をしたら「罰を与えて叱る」しつけではなく，家族として楽しく暮らすためのルールを「誘導して覚えてもらう」タイプのしつけが主流になってきています。しつけをするのも動物との絆を深め，楽しみの一つとすることができます。

と同時に，飼い主もペットを飼ううえでのマナーを十分こころえ，家庭外，近隣社会に対して迷惑をかけないように配慮することが必要です。

⑨引っ越しや転勤の際にも継続飼養する覚悟があること

家族構成や，生活環境の変化，また，仕事の都合などで転居する必要が生じる場合があります。しかし，ペットを家族として迎え入れているのであれば，転居先にペット飼育可の住宅を探すなど，ペットの終生飼養を心がけなければなりません。

⑩飼えなくなった場合の受け皿を考えておくこと

これまで，①から⑨までペットを飼ううえでの心構えを考えてきましたが，それでも不慮の事故など，さまざまな事情で飼えなくなってしまうケースが出てくることがあるかもしれません。万が一の際に，代わりに飼ってくれる人を見つけておくことも重要です。

（熊本県　桃﨑剛寿）

1年
2年
3年

海とともに生きる

10. つなみてんでんこ

感　動	★★☆
驚　き	★★☆
新たな知恵	★★★
振り返り	★☆☆

CD-ROM
2-10
授業用
パワーポイント

　東日本大震災で未曾有の津波災害が起きましたが，効果のある避難事例がありました。それは「津波てんでんこ」という言葉が伝えられるなかで，海と共存共栄してきた歴史と住民の知恵が背景にあったからといわれています。なぜ，人々は津波に何度も遭いながら，1000年以上三陸に住んできたかという意味を考えさせたいと思い，この授業を創りました。

 『**つなみてんでんこ　はしれ、上へ！**』
指田和：文　伊藤秀男：絵　ポプラ社

■ 教材の概要 ■

　釜石の子どもたちが自ら考え，行動・避難し，津波から命を守ったことが主として描かれている。昔から釜石の人たちが命あるかぎり海とつきあってきたことも感じられる。さらに「津波てんでんこ」という言葉の意味についての教材を付け加えることで，昔から自然と共存共栄してきた人たちの知恵を理解することで，安全教育にも使える教材である。

■ 授業構成 ■

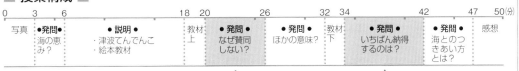

0	3	6		18	20	26		32	34		42	47	50(分)
写真	●発問● 海の恵み？	●説明● ・津波てんでんこ ・絵本教材		教材 上	●発問● なぜ賛同しない？	●発問● ほかの意味？		教材 下	●発問● いちばん納得するのは？		●発問● 海とのつきあい方とは？	感想

協働的な学び	小グループで考えを交流する。

■ 本時の授業を中心に見取った評価文の例 ■

　自然災害と長くつきあってきた人間の知恵について，大変感銘を受けていました。自然と共に生きようという想いに，郷土への思いも加えた感想が書けていました。

協働的な学びの度合い ●●○○○○　　授業準備度 ●●●○○○

ねらい

「津波てんでんこ」という言葉の意味を考えることを通して、古来から恵みと試練を与える海と共存している人々の知恵について考え、自然とともに生きていこうとする態度を育てる。　　　　　　D20［自然愛護］

準備

・海の写真（できれば、東北の海がよい）
・『つなみてんでんこ　はしれ、上へ！』
・教材（50ページに掲載）

授業の実際（3年で実施）

　広い水平線が見えている海の写真を見せて、最初の問いをした。

❶この海の恵みには、どんなものがあると思いますか。

　■海について、人間にとってのプラス面を考える発問である。

　・魚・貝など海産物

「岩手県釜石市には、親潮と黒潮が交錯する世界屈指の漁場があり、大陸棚と典型的なリアス式海岸に恵まれ、イカ釣りや定置網などの漁船漁業をはじめ、アワビ、ウニなどの採貝藻、ワカメ、ホタテガイなどの養殖業を中心とする沿岸漁業が盛んに行われています」と説明し、地図を提示した。

「自然は人にさまざまな恵みをもたらす」と板書した。

「2011年3月11日、東日本大震災が起きました。釜石市は大津波のために多くの人が亡くなり、多くの船や港が壊れました。水揚げも激減しました」と説明した。

「釜石市がある三陸地方は、昔からこのような津波の被害を何度も受けているのです」と言って、次の表を大きく提示した。

869年	貞観の三陸沖地震
	津波で死者約1千人
1611年	慶長の三陸沖地震
	津波で死者約5千人
1677年	延宝の三陸沖地震
	津波，死者不明
1793年	宮城県沖巨大地震
	津波で死者44人以上
1896年	三陸沖地震
	津波で死者21959人
1933年	三陸沖地震
	津波で死者不明者3064人
1960年	チリ地震
	津波で死者不明者日本全体で142人
2011年	東北地方太平洋沖地震
	死者不明者22252人

「理科年表2020」（国立天文台編）より

「自然は人に大きな災害をもたらす」と板書した。

「恵みを与える一方、災害をもたらす自然のなかで私たちは生きています。このような災害に対する考えとして、『津波が来たら家族ら他人のことにかまわずすぐに避難しろ』という意味の『津波てんでんこ』という言葉があります。『てんでん』は『てんでんばらばらに』という意味です。岩手県大船渡市出身で子どものころに昭和三陸大津波を、1933年に経験した津波研究家の故・山下文男氏が広め、東日本大震災を機に津波防災の啓発で改めて注目された言葉です。その言葉にまつわる絵本があります」と説明して、絵本『つなみてんでんこ　はしれ、上へ！』を実物投影機で大きく提示しながら範読した。

　海を見ながら、じいちゃんと僕は「つなみてんでんこ」について話している。
　大地震が発生する。「はやく、にげろー」という声が聞こえる。「みんな、逃げるぞ！」ともだちと走って逃げた。第一の避難所に到着。「ここもきけんだー」再び、みんなで逃げる。津波が来た。「じぶんのいのちは自分でまもれー」っと上の避難所へ……。

『つなみてんでんこ　はしれ、上へ！』の概要を授業者がまとめた

生徒に感想を隣同士で話し合わせると,「つらい」「自分の命をまず自分でも守ろうとすることが大切という意味かな」「待っててはいけないんだ」などの言葉が聞こえた。

「この精神で訓練をしていた学校では被害が少なかったという例もありました。それでは,この『津波てんでんこ』という言葉はその後に浸透していったのでしょうか。次のような意見もあります」と言って,教材（50ページに掲載）を提示した。ただし,その下7行は隠している。

「東日本大震災の3年後,2014年度のある調査では,約7割に当たる人が『津波てんでんこ』という言葉を聞いたことがないと答えています。その人たちに言葉の意味を知らせ,津波てんでんこに賛同するかしないかをたずねたところ,約7割が『賛同しない』と回答しました」と説明すると,生徒は意外そうな表情をしていた。

②賛同しない人はどのような理由で賛同しないのでしょうか。

■多面的多角的に深く考えさせる発問である。

ペアで少し話し合わせた後,3人の生徒が考えを発表した。

・自分だけ逃げようとしてしまう。
・みんなで考えた方が間違いが少ないのではないか。

「その調査では,『薄情だ』『利己主義』などネガティブに受け取る人が多かったそうです」と説明した。

「東洋大の及川康先生は,津波てんでんこという言葉を繰り返すだけでは防災に生かせないので,丁寧にその意味を説明することが必要だと話しています」と説明して次の発問をした。

③津波てんでんこが持つ「迅速な避難で自分の身を守る」という直接的な意味に加えられるほかのことは何でしょう。

■多面的・多角的に深く考えさせる発問である。

難しい課題であったが,2人が発表した。

・このことで,家族がバラバラにいても高い方へ逃げるという家族の方針が決まると思う。
・覚えやすい短い言葉なので,いつも意識することができる。

「よく考え出しましたね」と認めて,教材の下の部分を提示した。「京都大防災研究所の矢守克也先生は,次の3つをあげました」と説明し,大きく提示した。

①避難する姿を見せることで他者の避難を促進する。
②事前にそれぞれが避難するという信頼関係を構築する。
③自分だけが助かってしまったという生存者の自責の念を軽減する。

④ このなかでなるほどといちばん思うのはどれですか。

■3つの意見を比較検討することで深く見つめさせる発問である。

ワークシートにどれを選んだか,そしてその理由を書かせた。挙手で確認すると①,②,③の順に多かった。

そして班のなかで発表させ交流させた。

「授業の最初に海の恵みについて考えましたね」と言って問うた。

⑤その海とどうつき合えばよいと思いますか。

■絵本を通して,恵みと災害について考えさせる発問である。

「恵みはしっかりといただき,災害のときはすぐに逃げる」「海を大切にするけど,怖いこともあるので気をつける」「自然である海。海は恵みももたらすけれど,災害ももたらす。恵みはとりに行けばいいけれど,今のところ,津波が起きたら逃げるしかない」と3人の生徒が答えた。

今日の感想を書かせて授業を終えた。

「津波来たらすぐ避難，『津波てんでんこ』浸透せず　『薄情』と感じる人も」

2016年10月26日　毎日新聞

　「津波が来たら家族ら他人のことに構わずすぐに避難しろ」という意味の「津波てんでんこ」という言葉について，7割の人が知らないうえ，多くの人が「自分だけ助かればよい」という自己中心的な行為だと感じるとの調査結果を，東洋大の及川康准教授（災害社会工学）がまとめた。本来は各自で避難することを事前に家族で話し合っておくことなども含めた心構えを示した言葉だが，浸透していない実態が浮かんだ。

　「てんでん」は「てんでんばらばらに」という意味。岩手県大船渡市出身で子供のころに昭和三陸大津波（1933年）を経験した津波研究家の山下文男氏（故人）が広め，東日本大震災を機に津波防災の啓発で改めて注目されている。

　調査は2014年度，インターネット調査会社の全国の登録者を対象に年代や地域が偏らないよう調整して実施，767人が回答した。約7割にあたる529人が「津波てんでんこという言葉を聞いたことがない」と答えた。この529人に言葉の意味を知らせ，津波てんでんこに賛同するかしないかを尋ねたところ，約7割が「賛同しない」と回答した。「薄情だ」「利己主義」などネガティブに受け取る人が多かった。

　京都大防災研究所の矢守克也教授（防災教育学）は，「津波てんでんこ」には迅速な避難で自分の身を守るという直接的な意味に加え，避難する姿を見せることで他者の避難を促進する▷事前にそれぞれが避難するという信頼関係を構築する▷自分だけが助かってしまったという生存者の自責の念を軽減する——などの意味があると指摘する。

　及川准教授は「津波てんでんこという言葉を繰り返すだけでは，防災に生かせない。丁寧にその意味を説明することが必要だ」と話した。

※及川康先生は，2020年3月現在，東洋大学教授です。

生徒の感想

・私は，もし津波が来たら，冷静に判断できないと思います。だから，絵本で見た子どもたちはすごいと思いました。津波のときは1人ででも逃げるのですね。

・海の近くに住んでいるからこそ，しっかり避難場所などを知り，命を守っていきたいです。日頃から，地震・津波が来ると思って生活していきたいです。

・東日本大震災で，多くの人が亡くなってしまったのは，とても悲しいことです。でも，私たちと同じ中学生が小学生の手を取って逃げて，みんな助かっているのは，すばらしいことだと思いました。最近，熊本でも地震がありました。油断しないように命を守りたいです。

・地震など災害が起きたときに，どういう行動をとるべきなのか，とてもよくわかった。助け合うのも大事だが，まず自分が助かることなんだな。そして，自然は，食べ物など恵みをたくさんくれるけど，怖いこともあることがわかった。怖いときは，命を守ることを第一にしよう。

・これからの人間は，自然をもっと知らないといけないな。いいことばかりじゃない。命を取られることもあるんだな。

（鹿児島県　原口栄一）

1年		生きる意味を学ぶ
2年		**11. ゴミ捨て場に生きる人々**
3年		

感　動	★★☆
驚　き	★★☆
新たな知恵	★★☆
振り返り	★★☆

CD-ROM
2-11
授業用
パワーポイント

今から12年前，池間哲郎氏の講演会に参加して，大きな衝撃を受けました。自分の無知を恥じるとともに，一人の人間として，このことは広く伝えていく責任を感じました。それ以降，社会科の授業で映像を視聴することを続けてきました。3年前にこの映像を利用して，道徳の教材ができないかと試み，この授業を創りました。

知恵　『最も大切なボランティアは、自分自身が一生懸命生きること』
池間哲郎：著　現代書林
付録DVD 「ゴミ捨て場に生きる人々」

■ 教材の概要 ■

極度の貧困のなかで，学校にも行けず，朝から晩まで，ときには深夜まで一生懸命働く子どもたち。このように今日を生き抜くことさえ困難な状況にあろうとも，決して笑顔を失うことなく必死で生きている子どもたちがいる。一生懸命に生きることの大切さと命の尊さが伝わる教材である。池間哲郎氏によって製作された映像DVDもチカラのある教材である。

■ 授業構成 ■

0　　　　5　　　　10　　　15　　　20　　　25　　　30　　　35　　　42　　　47　　　50(分)

● 発問 ● あなたの夢は？	映像視聴	● 発問 ● フィリピンの少女の夢は？	映像視聴	● 発問 ● カンボジアの少年の夢は？	映像視聴	● 発問 ● 池間さんが弁当をプレゼントした後は？	● 発問 ● 最も大切なボランティアは？	● 発問 ● その理由は？	感想

> **協働的な学び**　4人班で考えさせ，発表させる。

■ 本時の授業を中心に見取った評価文の例 ■

池間哲郎さんがボランティア活動で知った子どもたちの言動から学ぶ授業を通して，もっと世界の子どもたちの現状について知ることが大事だと考えていました。

協働的な学びの度合い ●●●●●　　授業準備度 ●●●●●

ねらい

世界のなかの日本人としての自覚をもち，国際的な視野に立ち，懸命に生きるアジアの子どもたちから謙虚に学び，自らの生き方を振り返る態度を育てる。

C18［国際理解，国際貢献］

準備

・『最も大切なボランティアは，自分自身が一生懸命生きること』
・付録DVD「ゴミ捨て場に生きる人々」
・感想用紙　生徒人数分
・小ホワイトボード　班数分

授業の実際（3年で実施）

初めに自分の夢について考えさせた。

1 あなたの夢は何ですか。

■教材の内容に即して発した，授業の導入の発問である。

この後の展開で，アジアの子どもたちに対する同じ発問について考えるための比較材料にもなる。

列指名で順に当てていくが，自らの夢をクラスメートの前で語ることを嫌がる生徒もいるかもしれない。答えられない，または答えない生徒には無理に言わせることはしない。時間はかけすぎないように留意して行った。

職業のことを言う生徒が多かったが，「国のためになる」というような，生き方に関する夢を言う生徒もいた。

「今日は，沖縄出身のビデオカメラマン池間哲郎さんが国際ボランティアの活動をしながら，20年以上にわたり追い続けたアジアの子どもたちの姿から，学ぼうと思います」と説明した。教材の映像DVD「ゴミ捨て場に生きる人々」のフィリピンの映像を視聴し，いったん映像を止め，その少女の夢を考えさせる発問をした。

2 夢を問われたその少女は何と答えたと思いますか。

■向き合っている現実の違いを感じさせる発問である。

挙手発表で答えさせると，
「看護師」「学校の先生」
「お金持ち」「普通の暮らしをすること」
などが出てきた。

「少女は『大人になるまで生きること』と答えたのです」と説明をすると，教室の空気が変わった感じがした。

続けてDVDのカンボジアの映像を視聴し，いったん映像を止め，少年の夢を考えさせる次の問いをした。

3 夢を問われたその少年は何と答えたと思いますか。

■世界的には日本の状況が当たり前ではないところに気づかせる発問である。

フィリピンへの少女の発問の後なので，「おなかいっぱいご飯を食べてみたい」に近いような答えも出てきた。しかし，このような状況で暮らす多くの子どもたちが，おなかいっぱいご飯を食べたことがないことに驚く生徒も多かった。

続けてDVDのカンボジアの子どもたちにお弁当をプレゼントするシーンの映像を視聴し，いったん映像を止め，次の問いをした。

「池間さんがカンボジアの子どもたちにお弁当をプレゼントしたときのことです。お弁当のなかを見て，子どもたちは喜んだ後，ふたを閉じてしまったのです」と話し，次の問いをした。

4 お弁当のふたを閉じてしまった後，子どもたちは何と言ったと思いますか。

■厳しい生活環境のなかでも親を大切にしている（ほかを思いやる）子どもたちから学びたい発問である。

数名に当てると，
「受け取れません」
「食べ物かわからないで返してしまう」
「売ろうとする」「食べ方がわからない」

「食べてよいのか，池間さんを信じられなかった」

などの発表があった。

「その子たちは『お父さん，お母さんといっしょに食べてもよいですか』と言ったのです」と説明した。その言葉に生徒の表情がまた変わった。

現在のゴミ捨て場の状況について理解するとともに，登場する少女に心を寄せるねらいで，最後までカンボジアの映像を視聴した。生徒は静かに視聴していた。

そして，次の問いをした。

「今視聴した映像DVDがついていた本のタイトルについて考えてもらいます」と説明して次を提示した。

> 最も大切なボランティアは，
> 　　（　　　　　　　　　　　　）こと

次の発問をした。

⑤ 🉐 池間さんは，何をすることが最も大切なボランティアだと言っているでしょう。
■厳しい生活環境のなかでも親を大切にしている（ほかの人を思いやる）子どもたちから学びたい発問である。

> 最も大切なボランティアは，
> 　　（自分自身が一生懸命生きる）こと

やや抽象的な問いなので，4人班で3分ほど考えさせた後，各班から発表させた。小ホワイトボードにまとめ，黒板に張らせた。以下のような多様な意見が出てきた。

・相手を助けるだけでなく，そこから学ぶこと。
・一人一人の命を守ること。
・いちばんの問題点に行くこと。
・世界の平和を守ること。
・命を大切にした生き方をすること。
・生活のなかで役立つこと。
・自分ができることをすること。
・実際に行動できること。

・世界の現状について学ぶなど，新たにいろいろなことを知ること。
・自分が少し我慢して，募金などを行うこと。

「最も大切なボランティアは，『自分自身が一生懸命生きる』ことだと池間さんは言っています」と説明した。

⑥ 池間さんがなぜ，最も大切なボランティアは「自分自身が一生懸命生きること」だと言っているのだと思いますか。
■自己を振り返らせるための重要な発問である。

時間も少なくなったので，2分ほど4人班で話し合わせた。発表はさせなかった。「その理由について，池間さんは『一生懸命生きている人はほかの人の心の痛みを感じることができるから』と言っています」と説明した。

最後に感想を書かせた。日常とつながりがもちにくい教材のときは生徒に感想を書かせると，どのように自分を見つめることができたかがわかり，評価にもつながりやすい。

生徒の感想

・日本もアジアなので，本当に近い場所の話なのに，こんなにも違うのかと驚きました。ごみ捨て場にいた女の子の「夢は大人になるまで生きること」という言葉がすごく切なくて胸が痛くなります。恵まれた環境にいるありがたさをしっかりと知り，ちゃんと世界に目を向けなくてはいけないなと思いました。便利な生活のなかで大切なことを忘れてしまっているのがいちばんいけないのだなと感じました。

・今日の映像を見て，もののありがたさをすごく感じました。昨日の晩ご飯を質素だなあと思っていた自分がすごく情けなくなりました。

・私たちは彼らを見習わなければならないと思います。苦しい生活でも笑顔を絶やさず，家族思いであり，生きることに希望をもっています。私たちは十分に生活できる環境があるにもかかわらず，必死に生きることができていないと感じました。世界についてもっと知りたいと思いました。

・文章はまとまりませんし，言葉で表すと思っていることのすべてがうまく伝わらず，軽くなってしまうのがとても歯がゆいですが，今日，この映像を見ることができてとてもよかったです。今後の自分の行動を見直し，自分にできることを見つけて実践してみたいなと思いました。

・私は毎日ご飯をおなかいっぱい食べているのに，一度でいいからっていう人もいるから，とまどいました。もっとみんなが知るべきだと思います。ショックでした。日本の人は豊かな環境で生きているのに，自分で死んでしまう人もいるから，生きられることに感謝して，もっと一生懸命生きないといけないと思いました。

授業づくりのアドバイス

1　資料をこう生かす

　日本では考えられないような厳しい現実の映像を見ながら，それでもなお笑顔を絶やさずに生きる人々の姿から，自らの生き方を考えさせたい。

2　授業構成や発問をこう工夫する

　映像の池間氏の解説のなかで，生徒たちが意外に感じる部分の手前で映像を止めて，そのシーンに関する発問を投げかける。何名かの生徒に意見を求める。その答えは続きの映像を視聴することで提示する。

（兵庫県　伊東久雄）

1年
2年
3年

世界に視点を向ける

12.答えは変えられる

感　動	★★☆
驚　き	★★★
新たな知恵	★★☆
振り返り	★☆☆

CD-ROM
2-12
授業用
パワーポイント

　これからの国際社会を生き抜く上で，しっかりと捉えさせたい平和学習。平和集会で講話したものを，授業向けにアレンジしました。巣立ちゆく３年生を意識した授業構成にしてあります。

©Yuko Shirakawa／MSF

「答えは変えられる。」
国境なき医師団ウェブサイト
https://www.msf.or.jp/kotae/

■ 教材の概要 ■

　「国境なき医師団」看護師の白川優子さんは，さまざまな紛争地に派遣され，医療活動を続けている。南スーダンでの活動の様子と白川さんのメッセージが，「国境なき医師団」のホームページに掲載された。極限状態の医療活動のなかで，「答えは変えられる」と信じているというコメントが印象に残り，授業を構成しました。白川さんの著書『紛争地の看護師』（小学館）にも詳しい掲載がある。

■ 授業構成 ■

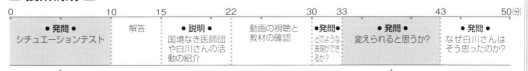

0	10	15	22	30 33	43	50(分)
●発問● シチュエーションテスト	解答	●説明● 国境なき医師団 や白川さんの活 動の紹介	動画の視聴と 教材の確認	●発問● どのような 表現ができ るか？	●発問● 変えられると思うか？	●発問● なぜ白川さんは そう思ったのか？

　協働的な学び　班で話し合わせて答えさせたり，数直線上に表現させたりする。

■ 本時の授業を中心に見取った評価文の例 ■

　自分の生活に生かそうとする様子がよく見られました。特に紛争地で起こっているさまざまな現実から学ぶ授業では，その場で活躍している人の存在に勇気づけられ，世界の平和のために自分にもできることはないかと模索していました。

協働的な学びの度合い ●●●●●●　　　授業準備度 ●●●●●●

南スーダンで活躍している国境なき医師団の活躍を知り，世界の平和に貢献しようとする心情を育てる。

C18〔国際理解，国際貢献〕

準備

・動画「答えは変えられる。」
・教材1・教材2（58ページに掲載）　生徒数分

授業の実際（3年で実施）

「今から，あるテストをします」と言うと，「道徳の授業なのにですか」と生徒が応えた。問題文を配付し，次のように問うた。

1 🈪 **さまざまな場面に対して，直感で答えるシチュエーションテストにどう答えますか。**
■南スーダン共和国の状況が，通常はあり得ない状況であることを確認するための問いである。
あまり時間をとらずに答えさせた。

問題
1　世界で一番新しい国が誕生しました。それはどんな国になるでしょう？
2　あなたはのどがかわきました。しかし近くにあるのはとても汚い川だけです。どうしますか。
3　近所の子どもが外で遊んでいると，時々，一斉に走り出すことがあります。なぜだと思いますか。
4　キャンプをしています。突然，武装集団が友人のテントに押し入りました。友人は「助けて!」と叫んでいます。どうしますか。
5　家が豪雨で流されました。あなたに子どもが3人がいたとします。避難用のバスが出ていますが，所持金では全員分のチケットを買えません。

どうしますか。

6　目の前に大やけどを負った少女がいます。どうしますか。

7　お昼時，お腹がすきました。どうしますか。

8　道ばたに，鳥や犬が集まっています。なぜだと思いますか。

「国境なき医師団」動画抜粋

4人班で少しだけ考えさせた。その後，各班1つずつ解答させていった。

「皆さんはおそらく今住んでいる日本のような生活を前提に答えたと思います。ところが，最初に問うた，いちばん新しい国の基準で考えるとおそらく正解はほとんどないと思います。いちばん新しい国とは南スーダン共和国のことです」と説明し，世界地図で場所を確認した。

国境なき医師団ウェブサイトの動画「答えは変えられる。」を教材として視聴させた。シチュエーションテストを受けた人たちが答えを知り，現実に気づいていく様子である。

その国の厳しい現実に気づいた教室は静まり返っていった。先の活動はこの教材を体験的に学ぶ活動である。

確認のため，「答え」を大きく提示した。

答え
1　たくさんの命が消える国。
2　その川の水を飲む。
3　近くで銃撃戦が始まったから。
4　自分の所に来ないことを祈る。
5　子どもを一人おいていく。
6　病院まで3日間歩いて連れて行く。
7　空から食料が降ってくるのを待つ。
8　死体があったから。

「国境なき医師団」動画抜粋

これらの状況を目の当たりにしたのは，動画のなかで出てきた白川優子さんという方です。7歳で「国境なき医師団」の存在を知りました。国内の病院で勤務後オーストラリアへ行き，大学の看護科卒業後にオーストラリアの病院に勤務されます。帰国後，「国境な

き医師団に参加登録をされました」と説明した。シチュエーションテストは白川さんの派遣17回のうち，６回目の派遣となった南スーダンでの出来事をもとに作成されたことを示した。続けて教材１「国境なき医師団」の説明をした。

「白川さんはシチュエーションテストの１の答えを『たくさんの命が消える国』と言いましたね」と確認し，次の問いをした。

❷「たくさんの命が消える国」以外の表現を使うならばどのような表現があてはまると思いますか。
■南スーダンの状況を再確認するための発問である。

挙手した生徒を指名して答えさせた。
・戦いが続いている国
・安心して住めない国
・多くの人が亡くなっている国
・希望に向けてもがいている国

「もがいている国とはどういうことかな」とたずねると，生徒は「医師団を受け入れるなどがんばっているのだが，困難な状態が続いている」と説明した。数人の生徒から拍手が起こった。

❸ 🈹 あなたはこの現実を変えられると思いますか。
■世界的な厳しい状況を自分事として考えさせる発問である。

数直線にネームプレートを置かせる活動をした。「変えられる」の方が多かったが，「変えられない」と言う生徒も10人ほどいた。それぞれ理由を聞いていった。

変えられない
・そのような状況はたくさんあるから。
・人間は欲張りだから。
・戦争や紛争は止まらないから。
・自国を第一優先する雰囲気だから。

変えられる
・世界的な組織があるから。
・一度にすべては変えられなくてもこの活

動のように地道に少しずつならばできるから。

近くの生徒と，どの意見が響いたか話し合わせた。そして，少しでも気持ちが変わったら位置を変えるよう指示をすると，15人くらいが変更した。相手の意見を聞いて判断に迷っている様子がうかがえた。

ここで，「先の希望に向けてもがいているという表現に関連するようなエピソードがあります」と言って教材２を配付した。迷子になり痩せ衰えた赤ちゃんが再会した母親の母乳を飲むという生命力の強さを感じさせられるエピソードである。生徒は静まり返って真剣に教材を読んでいた。

「白川さんは，南スーダンの現状を見て，『暴力にまみれ，たくさんの命が消える国』と言っています。しかし，動画の最後では，その『答えは変えられる』とも言っています。先のシチュエーションテストの答えも変えられるのかもしれません」と話して，次の問いをした。

❹ 🈵 なぜ，白川さんは「答えは変えられる」と思っているのでしょうか。
■白川さんの希望や期待を想起させるための発問である。

時間を与えてじっくりと考えさせた。
・多くのスタッフが活動しているから。
・赤ちゃんの命に希望をもったから。
・いつかは紛争がなくなると信じているから。
・活動を理解し，支援してくれる人がいるから。

「実際に，はしかで命を落としかけ，今日生きているのも奇跡と言われた南スーダン共和国，当時のスーダンで生まれた難民の子どもが大きくなって，国境なき医師団の現地採用看護師となり，国際的な医療コーディネーターとして活躍しています」というエピソードを，教材３を配付して紹介した。

最後に，「私たちは南スーダンのつらい状況を変えたいと思っています。そのために，この現実を知ってもらうことが大事な最初の一歩だと考えています。ぜひ，多くの人にこの現実を広めてください」という国境なき医師団のメッセージを紹介して終わりとした。

教材1　「国境なき医師団とは」<small>「国境なき医師団」ウェブサイトより筆者要約</small>

　「国境なき医師団」（MSF）は独立・中立・公平な立場で医療・人道援助活動を行う民間・非営利の国際団体です。1971年に設立，1992年には日本事務局が発足。緊急性の高い医療ニーズに応えることを目的とする。紛争や自然災害の被害者や，貧困などさまざまな理由で保健医療サービスを受けられない人びとなど，その対象は多岐にわたる。

・診療と治療　　　　・病気の予防　　　・心理・社会面の支援
・清潔な水の確保　　・食糧　　　　　　・生活用品などの緊急援助物資の配給
・病院の再建や運営支援
・病気にかかるリスクを減らすための健康教育　など

教材2　「『紛争地の看護師』が見た，世界で一番新しい国の現実」

〈国境なき医師団の旗で再会した親子〉より一部転載
「国境なき医師団」ウェブサイト「活動ニュース」　https://www.msf.or.jp/news/detail/headline/ssd20190328ys.html

　ある日，小さな小さな赤ちゃんが迷子として連れてこられた。その子は脱水が顕著なしわしわの状態で，よく生きていたと思われるほどだった。戦闘からの脱出の混乱の中でお母さんとはぐれてしまったのだろうか。何万人もの市民が一気に避難するという状況では，大人同士であってもはぐれてしまうであろう。私たちは，名前も身元も分からないこの子の栄養治療に取り組んだ。

　数日後，なんとテント病院にお母さんが現れた。赤ちゃんとはぐれ，ずっと探していた時に，人びとの口伝てによってMSF病院のことを知ったのだという。（中略）

　今まで哺乳瓶のミルクを吸う力もなかった赤ちゃんは，お母さんの腕に抱かれながら，一生懸命おっぱいを吸っていた。入院していた他の患者さんたちもその母子を囲み，微笑んでいた。

　子どもの回復力は強い。特に栄養失調は，適切な治療や対処によってみるみる回復していくものだ。救えない命ももちろんあるが，この病院で栄養改善の治療をしている大半の赤ちゃんたちは，すぐに元気になって退院できる。その後成長していく中で，この子たちはどんな南スーダンを目にすることになるのだろうか。

　「世界で一番新しい国」，南スーダンの大事な将来を背負っていく，大切な未来の市民として，今はお母さんの愛情をたくさん受けて育っていってほしい。私はそう願った。

教材3　「『親切のお返し』難民だった少年が看護師となり，世界で活躍する」

より一部転載
「国境なき医師団」ウェブサイト「活動ニュース」　https://www.msf.or.jp/news/detail/headline/ssd20190327et.html

　「食べ物もなく，住むところもままならない。医療も，教育もない……そんな場所は，子どもが育つのに理想的とはとても言えません。でも，それが『難民キャンプ』です。私は まさにそんな場所で育ちました」そう語るのは，トック・ジョンソン・ゴニー。南スーダン共和国（当時のスーダン）で生まれ，難民キャンプで育った彼は，やがて国境なき医師団（MSF）の現地採用看護師となった。そして今では，国際的に活動する医療コーディネーターを務めている。（後略）

（長崎県　緒方　茂）

| 1年 | 2年 | 3年 |

ペットの死を受け入れられるか

13. 犬派ですか猫派ですか

感　動	★★★
驚　き	★★☆
新たな知恵	★★☆
振り返り	★★☆

CD-ROM
2-13
授業用
パワーポイント

　以前の「ペットを飼う」という感覚よりも，飼い犬や飼い猫を「うちの子」として家族のように大切に一緒に暮らす現状があります。動物の特性を知り，責任をもって最期まで見届ける覚悟が飼い主には必要です。そのような思いでこの授業を創りました。

 『犬と猫どっちも飼ってると毎日たのしい①』
松本ひで吉：著　講談社

■ 教材の概要 ■

　ツイッターで人気を博している『犬と猫どっちも飼ってると』シリーズの単行本化。天真爛漫な犬と，凶悪ながら愛らしい猫。笑いあり涙ありのエッセイコミック。

　犬と猫の違いがおもしろく描かれながらもそのかわいさに注目できる。動物を飼育することを考えさせるきっかけになる教材である。

■ 授業構成 ■ ●発問● 猫がかまってほしいときは？

0		5	8	10	12 13	16	20		25		35	38		45	50(分)
●発問● 犬派？ 猫派？		●発問● 犬と猫の 違いは？	教材 1	教材2	●発問● 電気を 消すと 猫は？	●説明● 犬と猫の 違い	●発問● 飼いたいか？		●活動● 「10の条件」の チェックと交流		●発問● 死を受け 入れられ るか？	教材3 教材4		感想	

協働的な学び　班のなかでチェックを紹介し合い，共通点や相違点を確認し合う。

■ 本時の授業を中心に見取った評価文の例 ■

　動物の命について考える授業では，飼っている猫のことを思い浮かべながら，命を預かる責任の重さについて学び合っていました。特にペットとの死別については，涙を浮かべながら思いを語っていました。

協働的な学びの度合い ●●● ● ● ●　　授業準備度 ●●● ● ●

ねらい

生きとし生けるものの命について，その有限性を含めて尊さを感じ，かけがえのない生命を尊重する態度を育てる。

D19［生命の尊さ］

準備

・教材1・教材2（62ページに掲載） 提示用
・教材3（62ページに掲載） 生徒数分
・教材4「第2章追記」p.61, 62（『道徳授業で「深い学び」を創る』堀裕嗣：著 明治図書） 生徒数分

授業の実際（3年で実施）

犬と猫は代表的なペットであり，どちらが好きかを一度は考えたことがあるだろう。そこで最初の問いをした。

❶あなたは犬派ですか。それとも，猫派ですか。

■教材への興味を高め，主体的な学びを展開していくための発問である。

犬派に25人，猫派に9人が挙手をした。2人が「どちらでない」と答えた。1人は「どちらもとても好きだ」と答え，もう1人は「どちらもまったく興味をもてない」と答えた。

❷犬と猫の違いは何ですか。

■教材への興味を高める発問であると同時に，本時に主に考えていく基本的な問いである。

ペアで話し合わせ，その後に話し合いが活発だったペアを中心に3人が挙手し，発表した。

・犬の方が人なつっこい。

・犬の方が大きい種類が多い。

・犬は散歩をしなければならない。

ここで，「『犬と猫どっちも飼ってると毎日たのしい』でわかる犬と猫の違いを見てみましょう」と言って実物投影機で2つの漫画を見せた。

教材1は，漫画の作者の犬が飼い主にか

まってほしいときにする愛くるしい動作を紹介した。生徒の何人かは自分のペットも似ているらしく，近くの生徒に語っていた。

続けて，作者が飼っている猫について問いかけた。

❸一方，この猫はかまってほしいとき，何をするでしょう。

■教材への興味を高める発問であると同時に，犬と猫の違いを知らせる問いである。

すぐ2人が発言したので板書した。内容がおもしろいので，発表にも積極的である。

・うるさく鳴く。

・じっと見つめる。目で訴える。

教材1を提示し，「わざとインクをこぼすそうです」と説明した。生徒はびっくりした反応で，絵から笑いが起こった。「どうもこの猫は，飼い主が漫画家だからこういうことをするのでしょう」と補足した。

生徒は大変おもしろがっていたが，何人かは，十分ありそうなことだとか，飼っている猫はそこまではしないと言っていた。

「ほかにも，活動する時間帯に大きな違いがあります」と言って教材2の右半分を提示した。作者が夜に寝るために居間の電気を消すと，飼っている犬が寝ている作者の上に乗って愛らしく寝る様子が描かれている。

❹一方，この猫は居間の電気が消されると，何をするのでしょう。

■教材への興味を高める発問であると同時に，犬と猫の違いを知らせる問いである。

すぐ3人が発言したので板書した。

・犬を襲う。 ・動き回る。 ・外に出る。

教材2を見せながら「この猫はいろいろな行動をしていますね」と言い，「食べたかったパンをむさぼったり，あばれたり，やりたい放題やるようです」と説明した。これにも生徒は大変おもしろがっていた。

「このような行動の違いは何からでしょうか。今，犬や猫の情報誌やインターネットのウェブサイトがたくさんあります。その中か

ら紹介します」と説明し，ウェブサイト「みんなのペットライフ」より「【あなたはどっち派？】犬と猫，くらべると見えてくる10の違い」(https://www.min-petlife.com/63043) から「飼い犬は人の家族を『自分の群れ』と認識し，リーダーである人に従い，自分を含む家族一人ひとりに順位をつけると言われています。一方，猫は家族に順位をつけません。そのときそのときのシチュエーションや感情で距離を測ります。子猫の時期から飼育すれば，親子のような密接な関係になることもありますが，基本的に人と自分は対等と考えています」と説明した。

　また，ほかのウェブサイトからは，真夜中に大声で鳴いたり，家中を走りまわったりする飼い猫がいる理由として，発情期，昼に寝ていた分のエネルギー発散，夜行性のネズミなどを追う『狩り』のため，などがあげられていました」と説明した。

　「これらは一匹一匹で程度に差があります。また，表現が違うだけで猫も犬に劣らずとても愛情深い動物ですから，飼うならば愛情を込めて飼わないといけませんよ」と説明した。

５ あなたは犬や猫をいつか飼いたいと思いますか。

■視点を命を預かる責任が生じてくる飼育に向かせる発問である。

手を挙げない生徒は５人だけであった。

　ここで日本動物愛護協会の公式ウェブサイトで示されている「飼い主に必要な10の条件」(https://jspca.or.jp/think10.html) を出してチェックさせた。

命を預かる：飼う前に考えよう…飼い主に必要な10の条件

①住宅がペットを飼える状況にあること
②ペットを迎えることに家族全員の合意があること
③動物アレルギーの心配がないこと
④そのペットの寿命まで（終生飼養）飼育する覚悟があること
⑤世話をする体力があり，その時間をさけること
⑥高齢になったペットの介護をする心構えがあること
⑦経済的負担を考慮すること
⑧必要なしつけと周囲への配慮ができること
⑨引っ越しや転勤の際にも継続飼養する覚悟があること
⑩飼えなくなった場合の受け皿を考えておくこと

　班をつくり，何が難しかったかを話し合わせた。6，7個チェックしている生徒が多かった。

　「結構難しい条件だったね。でも私はみんなにあと１つ付け加えたいんです。それは何だと思いますか」とたずねて，少し各自で考えさせた後，次の問いを示した。

６ 死を受け入れる覚悟はありますか。

■視点を命を預かる責任が生じてくる飼育に向かわせる発問である。

　「ペットロスという言葉があります。寿命が人間よりずっと短い犬や猫を飼うことは，いつかその死を受け入れることです」

　教材３（62ページに掲載）と教材４のプリントを配付して，心を込めて範読した。この２つの教材は，それぞれ犬と猫を飼っていた人が，その死別に直面して思ったことをつづったものである。「比べてみるとやはり犬と猫とでその死に方まで違いが感じられる。しかし，飼い主がいとおしむその思いは重くそして美しい」。このレベルで動物を飼うのだというメッセージを込めた私の範読であった。

　最後に感想を書かせた。「死を受け入れる覚悟はできているけれど，死に際になると本当に悲しくなるんだと思いました」「今飼っている猫といつか死という別れがあることが突きつけられました。私にできることは今，大切にかわいがることです」などがつづられていた。

教材1 『犬と猫どっちも飼ってると毎日たのしい①』#3より

教材2
前掲書＃8より
（紙面省略）

©松本ひで吉／講談社

教材3 「猫のこと 2015.04.18」 井上雄彦さんのウェブサイト http://itplanning.co.jp/inoue/log/150417

　コテツがこの世を去ってひと月が過ぎました。

　いつ頃だったか，ひょいとあっさり抱ける軽さになった時には，もう病気は進行していたのでしょう。15年ともに暮らしました。

　猫は死に際にその姿を隠すと言いますが，もともと家の中だけで暮らしていた上，もはや歩くことがままならなかった彼にはそれはできませんでした。

　正確にあとどのくらい彼の生命がもつのか分からず，まだ寒い時期，触ると体温が低くなっているようなので，ヒーターの前に寝させました。

　すると歩けないのに部屋の隅の，机の下，ラグもなく冷たいフローリングだけのところに身体を引きずるように移動します。

　彼には自らの死期が分かっていて，この世から身を引くように，暗く人目につかないところにその身を移動させようとしている，と感じました。

　食べ物は受け付けなくなり，水も，スポイトで口を湿らせる程度の水さえ受け入れようとしなくなりました。ペロペロと舐める動作ならまだできるのではと思いましたが，そうと決めているように，口の端についている一滴の水を舐めようとしないのでした。

　歩くことのできなかった最期の何日か，排池は一切ありませんでした。

　いくらでも汚してかまわなかったのに，一切どこも汚すことなく，発作もなく，家に誰もいなくなるわずかな時間に，まるでその時を選んだかのように，静かに息をひきとりました。

　猫はどのくらい人間を見ているのでしょうか。虎徹（漢字はこの字）は顔を上げてじっと人間の目を見る猫でした。

　人間は猫をいつも見ているようで，どのくらい見えているのかな。

　きれいなままの顔を見つめながら，まだ少し柔らかさの残る身体をなで続けました。

　見事なまでの引き際でした。この小さな猫に対して，湧き出る尊敬の気持ちを抑えることができませんでした。

　きわめて私的なできごとにすぎませんが，ツイッターで時々写真をお目にかけたこともあるため，謹んでご報告としました。

　また，喪失感を手放すための一歩として，ここに記すことにしました。

（熊本県　桃﨑剛寿）

第3章

美しい生き方を憧憬する
〜望ましい人生観を育てる〜

　教育の本質は子どもたちに望ましい「観」を育てることであろう。よい人生観は人生の羅針盤となり人間としての生き方の考えを深める。子どもに出会わせたい人物を教材として出会わせ憧れをもたせたり，人生観というべき「物事をどう捉えるか」について深く学ばせたりする授業がここにある。

第3章

美しい生き方を憧憬する
〜望ましい人生観を育てる〜

中学生にも変革は起きる

| 1年 |
| 2年 |
| 3年 |

14. 14歳の転機

感　動	★★★
驚　き	★☆☆
新たな知恵	★★☆
振り返り	★★☆

CD-ROM
3-14
授業用
パワーポイント

平成29年度の全日本中学校道徳教育研究大会東京大会の全体講師を務められた古田貴之さん。そのダイナミックな発想力と，人生を切りひらいていくバイタリティーに大変感動しました。「創造」が加わったこの内容項目の教材にぴったりだと思いました。さらに内容項目にとどまることなく，人間としての生き方まで考えさせたい。そう考えて開発した教材です。

『不可能は、可能になる』
古田貴之：著　PHPエディターズ・グループ

■ 教材の概要 ■

千葉工業大学 未来ロボット技術研究センターfuRo（フューロ）所長の古田貴之さんの自伝。よりよい社会につながるさまざまなロボットを開発に従事。中学生のときに「もしかしたら，余命は8年——」という難病から奇跡の回復を遂げた体験がある。不自由をなくす未来社会の実現に向けた感動ドキュメント。

古田貴之さんと開発したロボット
（写真：菊池 聡）

■ 授業構成 ■

0	3	5	10	14	20	22	25	29	35	47	50(分)
●説明	●発問	●説明	●発問	●発問	●発問	●説明	教材	●発問	交流		感想
ロボットの映像を視聴	どうすれば？	古田さんの説明と映像視聴	今の古田さんの夢？	なぜ開発を？	何歳のとき？	古田さんの説明		あなたのポイント？			

┌─────────────────────────────────────┐
│ **協働的な学び**　自分の経験について交流させるワークショップ。 │
└─────────────────────────────────────┘

■ 本時の授業を中心に見取った評価文の例 ■

道徳教材をヒントに，人間の生き方について深く考えました。特に古田貴之さんの生き方から学ぶ授業では，自分のターニングポイントは中学校の部活動であったと振り返り，努力の意味に気づいた自分を見つめ直しました。

協働的な学びの度合い ●●●●・・・　　授業準備度 ●●●●・・・

ねらい

14歳で夢のターニングポイントに至った古田貴之さんの生き方から，社会のため新しいものを創造しようと努める人生の素晴らしさに気づき，目的をもって生きていこうとする態度を育てる。　　A5［真理の探究，創造］

準備

・教材（68ページに掲載）　生徒数分
・インターネットにつながるPC・プロジェクターや大型テレビなど
・スピーカー
・ワークシート（67ページに掲載）　生徒数分

授業の実際（2年で実施）

千葉工業大学未来ロボット技術研究センターの公式ウェブサイト（https://www.furo.org/）に掲載されているロボット「CanguRo（カングーロ）」の画像を，大型テレビに大きく提示する。正面から見ると，三輪車のような，動物のロボット顔のようなイメージである。

「これは何かな」と投げかけると，「ロボットの顔」という声があがった。「普段はパートナーロボットとして人をアシスト，移動する際には乗り物に自動変形します。ロボットのモードでは，人に伴走しサポート。指定した場所に自動で行くこともできます。乗り物のモードでは，ボディを変形させ高速旋回するスキーのような一体感があります」と，ウェブサイトに掲載されている内容を説明した上で，サイト上にある動画を視聴させた。生徒は釘づけであった。

1 このロボットがほしい人はどうすればいいでしょう。

■創造することの価値に気づかせる発問である。

挙手した生徒を指名して発表させると「お金をためて買う」と答えた。「いくらなら買いますか。隣の人と話してごらん」と言うと，

生徒は楽しそうに話していた。

「このロボットを開発した方は，千葉工業大学未来ロボット技術研究センター所長の古田貴之さんです。古田さんは講演（2018年12月3日）のなかで，子どもたちに，自分で創ればいいじゃないかと言われました」と説明すると，生徒はきょとんとした様子であった。古田さんの顔写真を提示した。

「古田さんは漫画アニメの鉄腕アトムにひかれてロボットに興味をもったそうですが，なんと，アトムよりもそれを創った博士の方に憧れたそうです。その後アニメに出てくる巨大ロボットを開発したいという夢をもちました」と，ガンダムやマジンガーZの画像を大きく提示しながら説明した。

そして，以下を板書した。

> ガンダムやマジンガーZのような巨大ロボットの開発

「ところが，古田さんが今までに開発してきたロボットには巨大ロボットはありません。次のロボットは「ILY-A（アイリーエー）」と言い，古田さんが今社会に送り出そうとしているロボットです」と説明し，公式ホームページの映像を視聴させた。

ILY-Aは利用シーンに応じて4つに形が変わる，移動・行動をサポートする1人乗りの電動小型モビリティー。「知能化安全技術」を搭載し，突然飛び出してくる人や障害物などを認識し，自動で車体の速度を減速する。

「古田さんは，このようなロボットをつくると心に決めたと言っています」と説明して次の発問をした。

2 古田さんはどんなことを決めたのでしょう。

■古田さんの夢の変容を理解させる発問である。

席が近いもの同士で考えさせて挙手発表させた。

・iPhoneのようなヒット商品をつくる。
・スマホのように社会を変える。
・未来世界をつくる。

・実用的なロボットをつくる。

・ロボットが安くて誰でも買える。

・技術者を育てる。

「ILY-Aからよく考えましたね。古田さんはこう言っています」と言って、以下のように、先に板書した文章を線で消し、「不自由が不自由でなくなる」という言葉を書き加えた。

> ~~ガンダムやマジンガーＺのような巨大~~
> **不自由が不自由でなくなる**
> ロボットの開発

❸なぜ、不自由が不自由でなくなるロボットを開発しようと心に誓ったのでしょう。

■生徒の問題意識を高めながら古田さんの生き方を理解させる発問である。

席が近いもの同士で考えさせたが、なかなか考えは浮かんでこなかった。挙手させると２人だけ挙手したので発表させた。

・不自由だなと思う何かがあった。

・自分が不自由なことを感じていた。

「実は古田さんは、脊椎が悪性のウイルスに感染して下半身が麻痺。一時期、車椅子生活を余儀なくされました」と説明した。

「そうなるとどんな不自由さがあるかな」とたずねると、「移動できない」「トイレや風呂」という声が上がった。そこで、「誰かに手伝ってもらうことで不自由さはなくなるよね」と揺さぶるが、「自分で思うようにしたいのではないか」と生徒が発言した。

❹そう心に誓ったのは、古田さんが何歳のときだったでしょう。

■生徒と同じ中学生のときに大きく夢が変わったという古田さんの経験をより印象的に伝えるための発問である。

列指名で当てていった。生徒が答えた年齢より上か下かをヒントで与えていった。最初の生徒が「20歳」と答え、数回で「14歳」が出た。

「そうです。みんなと同じ中学生のときだったんです」と説明した。「病気は重くて、長く生きられないとも言われたそうです。その体験で、夢は今かなえなければならないと、夢に対する考えが変わったそうです」と説明を加えた。

『不可能は、可能になる』（p.7）のスケッチ「僕がイメージした車椅子ロボット」（当時のスケッチを基に研究員が再現）を大きく提示し、「古田さんは14歳のときに『社会のためになるロボットを早く開発する』という夢を抱いたのですね」と確認した。

68ページに掲載した教材を配付し、範読した。

❺ 😊 あなたには、自分の生き方を変えるようなターニングポイントはありましたか。

■内容項目を超えて自分の生き方を考えさせる発問である。

ワークシートを配付し、各自５分で書かせた。２枚目を書く生徒が２人いた。書けなかった生徒が９人いたので、教室の後ろに集めて、自分を振り返りながら人生の変容がなかったかのヒントを与えた。

道徳ワークシート「私のターニングポイント」
（　）番（　　　　　　　　）

1　変化の度合い（大　中　小）

2　どのようなことが起きたか

3　どのような変容があったか

今までは

↓

こう変わった

4　公開・発表（NG　OK）

5　授業の感想

ワークシートを集めると、16人の生徒が公開してもよいと書いていたので、起立させて２人を１つのグループにした。残り22人を８グループに分けて、１つの班に３分で説明を聞かせ質問させるなどした。３回ローテーションをしたところで、全員席に戻した。

最後に、今日の授業から何を学んだのかを書かせて授業を終えた。

「プロローグ　難病からの生還」
古田貴之著『不可能は、可能になる』PHPエディターズ・グループ　p.5〜9　より

（前略）

　車椅子の暮らしの中で何よりもストレスを感じたのは，皮肉なことに多くの親切な人々の手助けです。

　ある日，僕は病院の外へ散歩に出ようと考えました。廊下の移動は車椅子でも問題ないのですが，離関は手押しの扉です。少し時間をかければ自力で開いてドアの向こうへ進むことができますが，たいていは親切な人が現れて，さっと扉を開けてくれるのです。

　「ありがとうございます！」

　僕は感謝する一方で「それぐらい自分でできるのに！」と苛立ちました。

　また，買い物でレジ会計をしようとすれば，必ず誰かが手伝ってくれます。

　書店で欲しい本を手に取ろうと書棚に近づくと「どの本？　取ろうか？」と親切心から声をかけられる……。

　毎日がその繰り返しでした。

　自分はこの先ずっと，誰かの力を借りながら生きていくのだろうか。

　その葛藤が生み出したアイデアが，足のある車椅子だったのです

　他人の親切やボランティアに頼らずとも，車椅子に足をつけて，どこにでも行けるようなものをつくりたい。障害物を避けて，落ちたものが拾える目もつけよう。

　障害のある人だけでなく，誰もが乗ってみたくなるような格好のいい，自律歩行する車椅子——。

　そうだ「車椅子ロボット」をつくろう。

　「不自由が不自由でなくなる」ような「不幸せが幸せに変わる」ようなロボットをつくったら，自分と同じ境遇の人はきっと喜ぶに違いないと思ったのです。

　その後，僕の病気は奇跡的に回復しました。

　しかし，十四歳からしばらく続いた車椅子生活は，僕のロボットに対する考え方を根底から変えてしまいました。巨大ロボットも格好いいけれど，もっと身近な人の役に立つロボットを徹底的に開発しよう。

　それも「いつか」ではなくて「いますぐ」に！

　気がつくと，あれだけ夢中だった鉄腕アトムも，マジンガーＺも目の前から消えていました。僕の中で，人間の形をしたヒューマノイドロボットは，沢山あるロボットの一部でしかなくなったのです。

　ロボットとはコンピューターとモーターとセンサーを積み込んだ機械であり，「人間の役に立つ道具」です。

　ロボット技術を突き詰めて研究することで，人の幸せのために役立つ技術を後世に残すことができるはずだ。

　「自分の手で，人々が幸せになれる未来をつくる！」と，僕は心に決めたのです。

（熊本県　桃﨑剛寿）

1年		自分にとっての郷土愛	感　動	★★☆
2年		# 15.「誕生」に学ぶ	驚　き	★★★
			新たな知恵	★☆☆
3年			振り返り	★★☆

CD-ROM
3-15
授業用
パワーポイント

　佐賀県多久市出身の画家，池田学さん。彼の個展を見て，インクとペンで描かれる緻密かつ独創的な世界観に圧倒されました。代表作「誕生」は彼が米国ウィスコンシン州マディソンのチェイゼン美術館で3年3カ月をかけて制作にあたったものです。彼の郷土佐賀への想いに誇りを感じました。池田さんを教材にして郷土について生徒と共に考える授業を創りたいと思いました。

 ## 「誕生」
『美術手帖』美術出版社　2017年4月号

■ 教材の概要 ■

　「誕生」をめぐって池田さんは，自身初の大規模展覧会を佐賀の地からスタートさせ，米国の美術館やカナダ人のコレクターから高額での購入の打診があったにもかかわらず，佐賀県からの購入の申し出を受けています。池田さんの生き方から，生徒に自分の郷土愛について改めて考えさせることができる教材です。

■ 授業構成 ■

0	3　5		15	18	21	25		38	46	50(分)
●発問	●発問	教材提示	●発問	●発問	●発問	意見交流		●発問	●発問	
佐賀のイメージ？	誰でしょう？		どんな思い？	どこに所有してほしい？	池田さんの郷土愛とは？	板書		どのような基準？	あなたの郷土愛とは？	

協働的な学び　グループでの意見交流をする。

■ 本時の授業を中心に見取った評価文の例 ■

　道徳の授業に登場する人物にとても興味をもつ姿が見られました。特に画家の池田学さんの郷土愛について学んだ授業では，自分も郷土のなかでこれから活躍できるように，個性を伸ばしていくという思いをクラス全体に伝えていました。

協働的な学びの度合い ●●●○○　　授業準備度 ●●●●○

ねらい

池田学さんの生き方から，自分にとっての郷土愛を考え，郷土の発展のために自分が寄与しようとする実践意欲を育む。
C16［郷土の伝統と文化の尊重，郷土を愛する態度］

準備

・池田学「誕生」ポスター『美術手帖』美術出版社　2017年4月号綴じ込み付録　提示用
・「池田学」『美術手帖』2017年4月号（p.70～75）
・3×4メートルの紙（新聞紙などで作成）

授業の実際（1年で実施）

「この前に取った佐賀のイメージアンケートの結果を示します」と言って，「おいしいものがたくさんある（佐賀牛，のり）」「平和で災害が少ない」「歴史がある」の3つを提示した。

「それでは，その佐賀と関係があるこのポスターを見てください」と言って池田学さんの『誕生』のA3判サイズのポスターを提示した。授業を実施した当時，佐賀市ではその展覧会で大変ブレイクしていたので，絵のことを知っている生徒が多くいた。制作した人が誰か問うと，多くの生徒から池田さんの名前があがったので，板書をした。

「そうです。池田学さん。佐賀県出身です。佐賀県立美術館のウェブサイトによりますと，わずか1ミリに満たないペンの線から壮大な世界を描き出すアーティストです。1日ににぎりこぶしほどの面積しか描き進めることができないという画面は，緻密さと空間の広がりを併せもち，現実を凌駕(りょうが)する異世界の光景を私たちに呈示します。これまで多くの国でグループ展に参加，2011年に『ニューヨーク・タイムズ』のアート＆デザインの記者が選ぶ，その年に最も世界にインパクトを与えた作品の一つに選出されるなど，国際的に高い評価と注目を集めるアーティストです」と説明した。

「先ほどの『誕生』の一部分一部分をどう描いているかを説明している本があるので，その絵の細かいところを紹介します」と言って，『美術手帖』美術出版社　2017年4月号の70～75ページを実物投影機で大きく見せながらいくつか紹介した。

さらに『誕生』は制作に3年がかかったことが理解できるように，1日で制作できるこぶし大の大きさの紙と，実際の作品の大きさ3×4メートルの新聞紙を広げて見せた。生徒たちは実物大の大きさを知り，こぶし大の紙と比較して驚いた様子だった。

「『誕生』の完成には3年3か月がかかりました。1つの作品に中学校の期間より長い年月をかけたのです」と補足すると，生徒は感心している表情だった。

「池田さんは初の大規模の個展となった『誕生』の展覧会を佐賀県の美術館でスタートしました」と言って，次の問いをした。

1 池田さんはどのような思いで，初の大規模個展を佐賀県の美術館からスタートさせたと思いますか。

■生徒が池田さんの郷土愛に気づくことができるようにするための発問である。
・自分の故郷だから。
・自分にとってのスタート地点。
次の「池田学さんの言葉」を範読した。

> **池田さんの言葉①**
>
> 「いつか美術展で自分の展覧会を開けたら……。そうした漠然とした憧れを抱きながら制作を続けてきました」
> 「3年掛かりで描き上げた最新作が日本で初めてお披露目される場所が故郷，佐賀の美術館。高校生の頃何度も通っては仰ぎ見たあの空間に自分の作品たちが並び，家族や友人，お世話になった方々に見てもらえることを思うと，ついにここまで辿(たど)り着いたのだという感慨で胸が熱くなります。あの頃の自分と同じような年代の人達には痺(しび)れるような刺激を与えたい」

電子黒板にも提示してから「池田さんにどんな印象をもったか」をたずねると「すごく故郷のことを思っている」「どんな思い出があったのだろう」という声があがった。

❷池田さんは「誕生」をどこに所有してほしいと思っているでしょうか。

■生徒が池田さんの郷土愛に気づくことができるようにするための発問である。

・佐賀　・アメリカ　・自分が学んだ大学
・（佐賀の）自分の家
次を提示した。

> ・・・・・・・・・・・・・・・・・・・・・・・・・・・・・・・
> 池田さんの言葉②
>
> 　「所属先のネームバリューや国籍，購入額は全く考えなかった。作品にとって，人の目にたくさん触れることを最優先した」
> ・・・・・・・・・・・・・・・・・・・・・・・・・・・・・・・

そして，池田さんはもっと高い値段で買い取りを希望するところがありながら佐賀県に所蔵してもらうことを決めたことを伝えると，生徒たちから「お～！」と驚きの声があがった。

「池田さんの佐賀に対する思いを一言で表すとどんなものですか」とたずねると，「佐賀好き」「佐賀を愛している」「佐賀への愛着」「佐賀愛」などの声があがり，それぞれを板書し，「同じ意味の言葉が出ましたね。いちばんコンパクトな，『佐賀愛』という言葉を使って……」と言って丸で囲み，次の問いをした。

❸ 🈯 池田さんの「佐賀愛」はどのような思いといえるでしょう。

■多面的多角的に捉えさせ，学びを広げる発問である。

ワークシートに自分の意見を書かせ，4人グループでの意見交流を設定した。

「意見交流をして自分の考えがまとまったら，黒板に書きましょう」と言って，自分の意見を黒板にウェビングするよう指示した。

全体交流を通して，ウェビングに出た意見を教師でオレンジ，黄色，ピンクの3色を使ってグルーピングした。オレンジのグループは「佐賀に尽くす，大切，感謝，恩返しなど」で，

黄色のグループは「佐賀の良さを絵で知ってもらいたい，佐賀の素晴らしさや良さを知ってもらいたいなど」で，ピンクのグループは「佐賀の自然を守っていきたい，佐賀の素晴らしさやよさを見つけるなど」でグルーピングした。当てはまらないものもいくつかあった。

❹それぞれのグループはどのような基準でまとめられたと思いますか。

■郷土愛の捉え方を多面的・多角的に見るために抽象化する発問である。

挙手した生徒を指名した。
オレンジ…「佐賀への感謝を表している」
黄色…「佐賀を知ってもらいたい」

「誰に知ってもらいたいですか」と問うと「世界の人に！」との意見が出た。そこで，「なるほど，感謝は郷土の人に対しての気持ちで，それ以外の人に対しても気持ちがあったのですね」と押さえた。
ピンク…「佐賀の良さを守ったり，見つけたりすること」

全員の意見を拾うために，残っていた意見にブルーで印をつけ，「これらはどんなグループかな」と問うと「池田さん自身のことについて」という発言が出た。

❺ 🈯 池田さんに届けたい「あなたの佐賀愛」は何ですか。

■自分自身の郷土愛について考えさせる発問である。

書く視点として，①これまでの自分のこと，②池田さんの生き方から学んだこと，③これからの自分がしたいことの3つを与えて，ワークシートに書かせた。何名かのメッセージを写真に撮り，電子黒板に転送し，投影した。紹介すると，教室が温かい雰囲気に包まれ，自然と拍手が出た。そのなかで授業を終えた。

板書

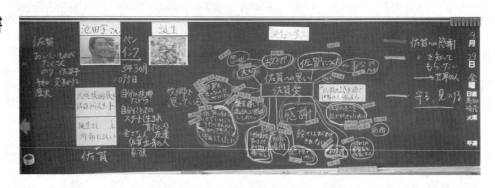

生徒の感想

・これまでは，佐賀を自慢することはあまりありませんでした。でも，池田さんの絵や生き方を知り，佐賀は自慢できる本当にいいところだなと思いました。私は池田さんの絵を見たときに，いろんな感情がこみあげてきました。これからは自分の故郷佐賀を自慢していきたいと思います。

・これまで私は，佐賀は何もないところだなあと思っていました。しかし，今回池田さんのことを勉強して，佐賀に愛をもってそれを絵で伝えていることがわかりました。同じ佐賀県出身ということで，これからはいろいろな方法で思いを伝えていければいいなあと思いました。

・池田さんの絵は，佐賀への愛が伝わってきました。私が思う佐賀は，暮らしやすいけれど，いなかで何もないなと思っていました。だけど，池田さんの絵を見に行ったとき，佐賀がこんなにもすばらしいことに気がつきました。これからも，たくさんの絵を描いてください！

・僕はこれまで，佐賀への愛着があまりありませんでした。ですが池田さんの絵「誕生」を見て，すごく佐賀のいいところがわかりました。僕は池田さんのように自分の生まれた場所や環境を愛せる人になりたいです。僕も自分なりに佐賀のいいところをいろんな人にアピールしていきたいです。

参考とした資料

・『≪誕生≫が誕生するまで　The Birth of Rebirth』池田学：著　青幻舎
・「池田学さん『誕生』県，１億3200万円で購入へ」県立美術館公開中　佐賀新聞
　2017年2月15日
・「明日世界が終わるとしても『ペン１本，まだ見ぬ頂へ』──池田学」NHK総合佐賀
　2017年2月11日（2016年12月に放送された番組の再放送）

（佐賀県　福本朝子）

| 1年 |
| 2年 |
| 3年 |

決断する覚悟をもて

16. 18歳の選択

感　動	★★☆
驚　き	★★☆
新たな知恵	★★☆
振り返り	★★☆

CD-ROM
3-16
授業用
パワーポイント

　この本には，きらきらと瞳を輝かせているたくさんの若者の写真とその紹介文が載っている。ベストセラー作家の朝井リョウの進路選択についてのエッセイは，その巻頭の辞である。中学生にも親しみのある作家の生の声が，将来の進路選択に迫られ，内心さまざまに揺れ動いている中学3年生にとって，力強い応援になるのではないと考え，この授業を創りました。

『**18きっぷ**』
朝日新聞社／朝井リョウ：著　朝日新聞出版

■ 教材の概要 ■

　朝井リョウの巻頭エッセイで語られるのは，高校3年の三者懇談の場面と，いよいよ作家として，デビュー作を書かねばならないと決断する場面。どちらも，作家ならではの精緻な筆で心の動きが表現されている。強い意志を，最初からずっともち合わせているわけではない。悩み，迷いながらも，自分の進みたい方向を間違わぬよう，真剣に考えた末にこそ成功があるのだと，この本は教えてくれているように思う。

■ 授業構成 ■

| 0　　　　　5　　　　　11　　　16　　　21　　　26　　　33　　　　　　　　45　　　50(分) |

| ●発問● 進路条件 ブレスト | ●発問● ランクづけ シェアリング | 教材1 | ●発問● 母の顔をなぜ見られなかった？ | 教材2 | ●発問● すべてを犠牲にしてでも，という考えをどう思うか | ●発問● どんな大人になりたいか，何が必要か | 振り返り |

協働的な学び　個人でのブレストの後，グループでの意見交流をする。

■ 本時の授業を中心に見取った評価文の例 ■

　道徳の時間で考えたことを自分の生き方に生かしていけないか，考えるようになってきました。特に，作家・朝井リョウさんの人生選択を扱った授業では，自分の将来の選択に真剣に向き合い考えていました。

協働的な学びの度合い ●●●●●　　授業準備度 ●●●●●

73

ねらい

自己実現に向かって，強い意志をもち，自分の将来について，しっかりと考えようとする態度を育てる。

A4［希望と勇気，克己と強い意志］

準備

・『18きっぷ』3～9ページの「十八歳の選択」（朝井リョウ）より教材1・教材2（76ページに掲載）生徒数分
・ワークシート　生徒人数分
・提示用に発問5をA3判に拡大印刷
・朝井リョウの顔写真（なくてもよい）
・朝井リョウの他の著書（なくてもよい）

授業の実際（3年で実施）

❶進路を選択するときの条件は何がありますか。

■今日の授業が「進路」というテーマであることを伝え，進路を選択する際には，多くの条件を考慮して決定していくべきだということを感じさせるための発問である。

付箋紙を1人に10枚渡して1つのことを1枚に書くよう，できるだけたくさん考えるよう指示をした。

全員起立させて順に発表させていく。自分の意見が（似ているものも含めて）出尽くしたら座るというやり方で，たくさんの意見を出させた。

・自分のレベルに合うか。
・家計の事情・経済状態。
・充実した生活が送れるかどうか。
・自分の今後の目的に合っているか。
・成長できるか。プラスになるか。
・将来の夢からの逆算。
・家からの距離。
・給料などの安定あるいはリスク。
・ストレス・労働条件。
・肩書き・功績　など。

すべて読み上げて，「こんなにたくさんの条件があるんだね」と，その多さを確認した。友達の意見のなかで，条件としてよいと思った内容は加えて，5つ以上の条件をもつよう指示をした。

❷自分のあげた条件のなかでどれが重要ですか。重要だと思う順に1位から5位までランクづけし，4人グループで意見交換をしなさい。

■人によって重要だと感じる項目が違うのだと，改めて感じさせるための発問である。

ワークシート上で，先の問いでつくった付箋紙を順に並べさせた。その後に，4人のグループをつくって自分の考えを発表し，友達の意見を聞く活動を行った。

ひとしきり話し合った後，「まったく同じだったというペアはいましたか」と確認すると，誰もいなかった。考えの多様性を確認することができた。

教材1（76ページに掲載）の範読をした。作家の朝井リョウさんが高校3年の進路三者面談で「小説を書きたいから浪人はしたくない」と胸の内を話したエピソードである。

次の発問をした。

❸「母の顔をしっかりと見られなかったことを覚えている」のはなぜでしょうか。

■朝井さんにとっての「人生一度目の選択」場面の状況を確認し，朝井さんがどのような心情だったのかを想像させる発問である。

・自分の主張で，親に負担をかけてしまうことがわかっていて，申しわけない，いたたまれないような気持ちになったから。
・自分の選択は，金銭的な負担が重くなってしまうし，支えてくれた人たちを裏切るようなものだったけれど，どうしてもという思いで自分の夢を優先したから。
・本気の言葉を言って，恥ずかしかった。
・母親の顔を見たら，親の意見に押し流されてしまうのではないかと思ったから。

次に，教材2（76ページに掲載）の範読をした。朝井リョウさんが大学生のときに，19歳になる前に文学作品をつくると決心してそれに打ち込んだ「人生二度目の選択」に関するエピソードである。

4 朝井さんの「人生二度目の選択」について，どう思いますか。

■夢を実現するためには，すべてを犠牲にしてでも，という強い意志が必要だったという話に，共感するか，それとも自分には難しいと感じるかを問う発問である。

意見の分かれるところである。発問はあえてシンプルに「どう思うか」とたずねることにした。

生徒の意見はさまざまだったが，朝井さんが勇気ある選択をしたことで，今の朝井さんがあるのだろうという肯定的な意見の方が多かった。友情と自分のやりたいことのせめぎ合いという話題は，生徒の日常にもあるようで，活発な議論になった。

「このような選択が連なることが人生だという話がこのエッセイの続きにあります」と言って，7ページの13行目から9ページまでを範読した。途中でキーワードは大きく提示していった。

5 🗣あなたは，どんな大人になりたいですか。そのためには，どんなことが必要だと思いますか。

■自分に引きつけて，人生のなかでの選択の仕方や考え方などについて，考えさせる発問である。

先んじて考えることができないようにするため，ワークシートの問いの文章は空欄にしておき，発問は黒板に提示することにした。

この授業では内省を深めたいので時間を取り，書く活動を重視した。その分，授業後のワークシートへのコメントや声かけなどは丁寧に行った。

・自分の選択に責任をもち，どんなに困難でも，その選択をやり遂げる大人になりたい。また，自分の選択を応援し，支えてくれる友達や家族への感謝を忘れない

人でいたい。自分の夢から逆算して，後悔しない選択をできるよう，努力を惜しまないようにすること。

・周りに何と言われようと，自分の意志や考えは曲げないようにする。自分は自分だから，個性を大切に，好きなことを極めるようにしたい。

・自分でやると決めたことは，最後までやりきれる人。自分で限界をつくらず，本気で真剣にそのことに取り組む。つらくても諦めない。

・志望校に合格し，教師という夢を実現するには，朝井さんのようにすべてを犠牲にして打ち込むという熱意が必要だと思った。

最後に授業の感想を書かせて授業を終えた。

●生徒の感想

・人生の転換期を逃してはいけない。どこかで変わらねばならないと思った。

・自分が本気でやりたいことや夢をしっかりもっている人はかっこいいと思う。進路選択をする上で，いろいろな条件があるから，自分にとって最もよい選択をしていきたい。

・私は，今もっている何かを失ってしまうのが怖くて，それらを捨ててまで何かに打ち込むことはしたことがないし，しようとも思えない。でも，何かを得るためには，やっぱり何かを犠牲にしなければいけないこともあると思うから，めざす自分に必要なもの，不必要なものを考えていきたい。

教材1 「十八歳の選択」 朝井リョウ p.4の11行〜p.6の2行

　担任の先生、母、私。狭い部屋だった。第一志望を目指し、浪人。第二志望に、進学——。三人で面談をしていたとき、私の目の前にはそんな二つの選択肢があった。

　両親や、当時の担任の先生は、浪人を現実的に考えてもいいのではないか、と言った。もう一年間努力をすれば届かないわけではないかもしれないし、単純に、金銭的な問題もあった。私が浪人をしないということになれば、姉弟ふたり続けての私立大学への進学となる。さらに、姉は実家から大学に通っていたが、私の場合は上京しなければならない。金銭的負担は、より重くなる。そのあたりのことを考慮しても、一年間浪人をして、第一志望の大学をもう一度目指すことが正しい選択なのではないか、という話になった。

　あのとき私は、キャスター付きの椅子に座っていた。だからだろうか、心の奥底で決めていた、いつか言おう、いつか言おうと考えていた言葉が、バランスを失ってずるりと口からこぼれ出てしまった。

　「浪人はしたくありません」

　なぜなら、と、続けつつ、私は唾を飲み込んだ。

　「書きたい話がたくさんあるんです。もう一年なんて我慢できません」

　自分の声が自分の耳に入ってきたとき、私は、なんて寒くて、若くて、青くて痛々しくて、勘違いに満ちた発言だろうと思った。今思い出しても、恥ずかしくてたまらない。だけど、恥ずかしいということは、その分あのときの私は本気だったのだ。あとから恥ずかしくなるくらい本気の本気で、もうこれ以上、小説を書くことを我慢して受験勉強を続けることは無理だ、と思ったのだ。当時、私の頭の中には、とあるタイムリミットがあった。まだ誰にも見せたことのない砂時計は、少しずつ、だけど確実に、その中身を減らしていた。そんな状況の中ではやはり、もう一年も待つことはできなかった。

　静かで狭い部屋の中、母の顔をしっかりと見られなかったことを覚えている。母はきっと、こいつは何を言っているんだろうと思っていただろう。それでも私は、上京を選択した。故郷を出ることはさみしかったけれど、それ以上に、上京を選択した自分に少し、酔っていた。

教材2 「十八歳の選択」 朝井リョウ p.6の3行〜p.7の10行

　五月が誕生日である私は、大学生活が始まるとすぐ、十九歳になった。世の中の小説家の多くが住んでいる街、世の中にある本のほとんどを生み出している街——東京にいるだけで、私は、まるで自分が夢に近づいたような気がしていた。さらに、初めての一人暮らし、遊ぶ場所の多い学生街、新しい友人……からっぽだった私の両手はあっという間にいっぱいになってしまい、いつしか、あの日手に取った選択肢をどこかへ放ってしまっていた。

　もうあと数か月で二十歳になってしまうそのときまで、私は自分の中に眠るタイムリミットの存在を忘れていた。誰にも見せていなかった砂時計は、あと少しで、上の部分が空っぽになってしまいそうだった。

　十九歳という、人知れず定めたタイムリミット。

　十九歳とは、綿矢りささんが金原ひとみさんと芥川賞を同時受賞した年齢だ。彼女たちが受賞した当時十四歳だった私は、まだ少女と呼んでいいほど若い二人があそこまで日本の文壇を、ひいては社会を揺り動かしたことに大変な衝撃を受けていた。そして、今考えるととてもおこがましいのだが、自分も彼女たちと同じ年齢になるまでに、文章を介して何か大きなことをしなければ、と武者震いをしていたのだ。浪人をせず、上京を選んだ自分は、十八歳、十九歳のうちにガンガン書いているはずだった。そして、二十歳を迎える前に、プロになるための何かしらを掴んでいるはずだった。

　書かなければ。私はそう思った。もう、タイムリミットを守ることはできないだろう。だけど、書かなければもっとどうにもならない。

　私は、当時熱中していた執筆以外のことすべてを絶つ選択をした。これが、人生二度目の選択だった。

　遊ぶことをやめ、二十歳になる五月三十一日までに募集が締め切られる文学賞を探し、執筆を始めた。本当に、ただただ書いた。急に誰とも会わなくなった私のことを、友人たちは訝しんだ。友人は減った。どんどん減った。だけど、締め切りまでの日数のほうが、もっと速いスピードで減っていった。

教材1・2ともに『18きっぷ』朝日新聞社／朝井リョウ：著（朝日新聞出版）より

（栃木県　松元光昭）

<table>
<tr><td>1年</td></tr>
<tr><td>2年</td></tr>
<tr><td>3年</td></tr>
</table>

問題意識を明らかにする大切さ

17. 夢をかなえるサッカーノート

感　動	★☆☆
驚　き	★★☆
新たな知恵	★★☆
振り返り	★★★

CD-ROM
3-17
授業用
パワーポイント

　部活動や習い事などで，日々何かを練習している生徒は多い。しかし，1回1回の練習の内容や目的をしっかり理解して，自主的に取り組んでいる生徒はどれほどいるのだろうか。自分の状況やそのときどきの感情を把握した上で，自分に甘えずに，高い問題意識をもって練習に打ち込んでいってほしいという願いを込めて，この授業を創りました。

 振り返り

『夢をかなえるサッカーノート』
中村俊輔：著　文藝春秋

■ 教材の概要 ■

　サッカー選手の中村俊輔さんが高校生のときから書いている「サッカーノート」には，長期目標・中期目標・短期目標が必ず書かれている。自分の課題を常に意識をして，練習にひたむきに取り組んできたからこそ，彼は，高い技術を誇るたくさんの人々にとっての憧れのサッカー選手となった。彼のノートには，練習のメニューや試合のなかで感じたことや自分の弱点など，あらゆることが書かれている。自分の感情，状況だけでなく，自分を励ましてくれる言葉，気になった記事など，その内容は多岐にわたる。

■ 授業構成 ■

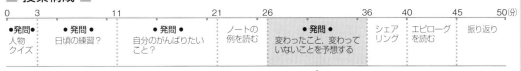

0	3		11		21	26		36	40	45	50(分)
●発問● 人物クイズ		●発問● 日頃の練習？		●発問● 自分のがんばりたいこと？		ノートの例を読む	●発問● 変わったこと，変わっていないことを予想する		シェアリング	エピローグを読む	振り返り

　　協働的な学び　個人で考えた後，グループでの意見交流をします。

■ 本時の授業を中心に見取った評価文の例 ■

　いつも道徳教材をヒントに人間の生き方について深く考えました。特に中村俊輔さんの生き方から学ぶ授業では，何にでも一生懸命やる事だけに満足するのではなく，課題をしっかりもって取り組みたいと発表しました。

協働的な学びの度合い ●●●●●●　　授業準備度 ●●●●●●

ねらい

目標をもって，自分に厳しく練習することの素晴らしさを再認識し，日頃から高い問題意識をもって部活動や習い事などの練習に励もうとする態度を育てる。

A4［希望と勇気，克己と強い意志］

準備

・中村俊輔選手の顔写真
・『夢をかなえるサッカーノート』からプリントを作成　生徒数分
・小ホワイトボードまたはA3判の白い紙　グループ数分
・ワークシート（80ページに掲載）　生徒数分

授業の実際（1年で実施）

中村俊輔選手の顔写真を大きく提示して，最初の発問をした。

1 人物クイズです。この人は誰でしょう？

■題材となる人物への興味を高める発問である。

・日本以外の3カ国でプレー。
・史上初のJリーグ年間MVPを2回獲得。
・魔法の左足と言われたフリーキックの名手。
・現在41歳で現役プロサッカー選手。
・17歳からサッカーノートをつけている。

最初の「3カ国」で始まるヒントは，生徒の反応を見て，口頭で伝えていった。生徒とのやり取りを通して，今日の授業では，中村俊輔さんの『夢をかなえるサッカーノート』から考えていくことを伝える。

2 部活動や習い事などで練習するとき，どんなことに気をつけていますか。また，練習の内容やその意図について説明できますか。

■自分の日頃の様子を振り返らせる発問である。

「普段の練習や，試合・本番についての心

構えや気をつけていることなどについて，近くの人と話してみましょう」と指示をした。

生徒の反応の例

・基本を忘れないようにする。
・前回の練習でできなかったことや注意されたことを解決できるように頭に置いて練習する。
・さぼらない。
・けがをしないように気をつける。
・手を抜かない。一生懸命にやる。
・ミスをしないように気をつける。
・先輩に左右されずに自分で考える。
・発声できちんと声を出す。
・言われたことを積極的に実行する。

予想よりも，生徒は考えながら練習に取り組んでいることがわかった。

しかし，「言われたことをちゃんと実行する」「注意されたことを意識する」など，受け身の意識も多く見受けられた。ここで「自分で目標を立てていますか。目標を意識して取り組んではどうですか」と話をした。

続いて，「中村俊輔さんは，サッカーノートに，長期・中期・短期の目標を必ず書いているそうです。短期は，半年後くらいまでに手の届きそうなもの。中期は1年先くらい。長期は，2，3年先で，ひょっとしたら実現しないかもしれないけれど，自分のあるべき姿や理想を含めた目標だそうです」と説明して，次の発問をした。

3 🈴 自分のがんばりたいことは何ですか。

■目標の立て方を具体的に示し，今後の生徒自身の活動に役立てられるように意識づける発問である。

目標に3段階のステップをつくって考えるよう指示をした。少し時間をとって書かせた。部活動でなくてもよいと声かけをした。

生徒の書いた例①

短期：スタメンになる（ポジションは関係なしで）。
中期：試合で活躍する。
長期：チームの一員として，みんなとうまく試合をつくる（MFとかになる）。

生徒の書いた例②

短期：とにかく体力を！ シャトルラン100回
　　　以上！ パスを正確にできるように！
中期：新キャプテンとしてまとめる自覚をも
　　　つ。守備の要になる。身長を伸ばす。
長期：自分の代で関東大会出場。志望校へ
　　　の進学。

しばらく考えていたが、生徒は思い思いに
段階を踏んだ目標を立てていた。

ここで、前掲書のサッカーノートの一部を
紹介した。目標についての部分と練習メニュー
や試合の振り返りの部分（絵などが入ってい
るところなど）を配付し、黙読させた。これ
は生徒が部活ノートなどで追実践できるよう
にするための活動である。

「この本のエピローグには、この15年で変
わっていないことと、変わったことについて
振り返って書かれています」と説明し、次の
問いをした。

4 🈯 **それぞれ、どんなことが書いてあ
ると思いますか。予想してみましょう。**
■中村さんの考え方を予想することで、
変わらないでいるべきこと、変わってい
くべきこと、変わってしまうかもしれな
いことについて考えさせる発問である。

「個人で少し考えた後、4人グループでど
んどん意見を出し合って、小ホワイトボード
にキーワードを大きめの字でメモしていって
ください」と指示をした。

生徒の反応の例

変わっていないこと
・目標をもって努力し続けている。
・いつまでも向上心をもち続けること。
・ノートを書くこと。
・サッカーが好きだということ。
・絶対に負けないという強い気持ち。
・尊敬されるプレーヤーを目標とすること。

変わったこと
・自分のことだけでなく、チームのことを
　考えるようになった。
・プレーのことだけでなく、気持ちの面に
　ついても書くようになった。
・夢や目標の内容が大きくなった。

・目標を達成するための方法をもっと具体
　的に考えられるようになった。
・年齢とともに体力がなくなった。

「よく考えられましたね。いろいろな意見
が出たので、黒板に張っておきますね」と評
価し、マグネット付きの小ホワイトボードをそ
のまま張りつけて、意見をシェアリングした。

そして、前掲書のエピローグを読んだ。エ
ピローグのプリントを配付した上で、157ペー
ジの下の段（「変わっていないもの。」）から
158ページまでを朗読した。

自分たちの予想した言葉が入っているかど
うかではなく、余韻をもった終末とするため
の時間にしたい。そこには、変わっていない
こととして、「自分を過大評価しないことと
向上意欲」、変わったこととして「感情のコ
ントロールができるようになった」ことが書
かれてあったことを確認した。そうすると一
人の生徒が何か言いたそうだったので指名す
ると、「こうして自分のことを振り返ること
ができるのも、成功を収めることができたの
もこまめに記録を取り、高い意識をもって取
り組み続けてきた成果なのかもしれない」と
感想を発表した。

「ワークシートの○○○には、今後みんなが
それぞれがんばりたいことが入ります。ノー
トをつくって実践してみてください」と指示
をして、時間を少し与えた。

最後に、今日の授業を振り返って感想を書
かせて授業を終えた。

●生徒の感想
・今までは、目標に具体的な数や言葉が入っ
　ていなかったが、これからは、「いつま
　でに何を、どのようになるために、どう
　する」というように具体的な目標を立て
　ようと思った。
・中村選手が、17歳からずっとノートをつ
　け続けるのは、それだけサッカーに対す
　る愛が変わらないからなんだなと思った。
・毎日やったことを書き出して、自分の今
　日の振り返りと今後の目標を書くことは
　いいな、大切だなと感じた。努力をし続
　けると、人は変われるのかなと思った。

教材 この授業に関する追加ミニ道徳 数年前の卒業生について朝の会での話

この夏，日本一になった高校生がいます。

その生徒は，中学2年のとき関東大会の表彰式を見て，こう言いました。

「表彰台いいなあ。でも俺，来年の表彰台は，無理だな。だって来年の自分が全国大会で通用するとは思えないもん」

そして，次の年。中学3年の夏。全国大会で予選敗退した日の夜の彼の言葉です。

「めっちゃ悔しい。でも，ここからまた，スタート。高3で日本一になる。高2で表彰台にのぼる。だから，高1でインターハイ出場をめざします。今の差があと3年で追いつけるかな。まあ，何とか追いつけるようにがんばります」

自分の言葉を全部現実にしていったその生徒の目標の立て方，そして，その自分で立てた目標の実現に向かって努力し続けていく姿勢。本当に素晴らしいなと思います。「日本一」が目標でなくても，もちろんいい。がんばりたいことを見つけて，自分で考えた目標に向かって，がんばっていけるといいですね。

> がんばっている卒業生のことは，新聞記事などで知ることができる。卒業生は，生徒にとって身近に感じられる存在であろう。折に触れて紹介することで，愛校心にもつながるのではないかと思う。

資料 ワークシート

道徳ワークシート　〜 夢をかなえる〇〇〇ノート 〜

年　　組　　番　氏名

①日頃，練習するとき，どんなことに気をつけていますか？
　練習の内容やその意図について説明できますか？

②試合や本番に向けての心構えは？

③変わったこと　　　　　　　　　変わっていないこと

④今日の授業全体を振り返って，感じたこと，考えたことを書いてみよう

（栃木県　松元光昭）

<table>
<tr><td>1年</td></tr>
<tr><td>2年</td></tr>
<tr><td>3年</td></tr>
</table>

勝ち続けるために

18. プロ・ゲーマー 梅原大吾

感　動	★☆☆
驚　き	★★☆
新たな知恵	★★☆
振り返り	★★★

CD-ROM
3-18
授業用
パワーポイント

「世界で最も長く賞金を稼いでいるプロ・ゲーマー」としてギネスに認定されている梅原大吾さん。梅原さんは1回の成功を収めることと，勝ち「続ける」ことには大きな違いがあると，著書の『世界一プロ・ゲーマーの「仕事術」勝ち続ける意志力』で述べている。
　向上心を保ち続けるために，一度の失敗にめげることなく，長期的な視野をもって生活してほしい。そんな願いを込めてこの授業を創りました。

 振り返り

『世界一プロ・ゲーマーの「仕事術」勝ち続ける意志力』
梅原大吾：著　小学館新書

■ 教材の概要 ■

　「世界で最も長く賞金を稼いでいるプロ・ゲーマー」としてギネスに認定されている梅原さん。著書のなかで自身が考える勝ち続けるための秘けつを述べている。
　「ゲーム」という不安定な世界のなかで，梅原さんが成功し続けることができたポイントを知り，これらを自分で評価することで，自分事として考えさせたい。

■ 授業構成 ■

0	5	15	25	35	45	50(分)
● 発問 ● どちらが 勝つ？	● 発問 ● なぜ勝つことが できた？	● 発問 ● 勝ち続けるために何を しているか？	教材	● 発問 ● どれがいちばん大きな 理由なのか？	● 発問 ● 結果を出し続 けるためのポ イントとは？	

協働的な学び　「結果を出し続けるポイント」についてグループで意見を出し合い交流する。

■ 本時の授業を中心に見取った評価文の例 ■

　自分の生き方を振り返って考える様子が見られるようになりました。特にプロ・ゲーマー梅原大吾さんの勝ち続ける秘けつから学ぶ授業では，自分の部活動への姿勢を振り返りながら，梅原さんにはない考えにも気づき，自信をもったことを発表しました。

協働的な学びの度合い ●●●●●　授業準備度 ●●●●●

ねらい

梅原大吾さんが勝ち続ける秘けつについて考えることで，向上心をもって生活しようとする態度を育てる。

A3［向上心，個性の伸長］

準備

・教材「勝ち続ける秘けつ」（84ページに掲載。『世界一プロ・ゲーマーの「仕事術」勝ち続ける意志力』より授業者まとめ）
・PC・プレゼンテーションソフト
・動画「37秒の奇跡」（動画検索ソフトで検索できる）

授業の実際（2年で実施）

まずは2004年に，カリフォルニアで行われたゲーム大会「Evolution 2004」の準決勝の大逆転劇の試合の映像を提示した。ゲームは『STREET FIGHTER 3rd STRIKE』である。後に紹介する梅原大吾さんが操るプレーヤー，ケンが圧倒的に不利な場面（あと一撃でも攻撃を受ければ負けてしまうという場面）で映像を一時停止した。格闘ゲームに詳しくない生徒のために，ゲージの意味，現在の状況がどれくらい不利なのかを簡単に解説した上で，次のように問うた。

■この後どちらが勝つと思いますか。
■題材に興味をもたせ，この後の逆転劇の意外性を感じさせるための発問である。

このゲームをやったことのある生徒が「普通に考えれば，対戦相手が操るキャラ（春麗）が勝つ」と予想したが，「わざわざ聞くくらいだから」と劣勢にある方のキャラ（梅原さんが操るケン）の勝利を予想した生徒も多かった。

映像の残りの部分を見せ，梅原さんの勝利を確認すると，事前に予想できたとはいえ，ゲームを普段からする生徒から歓声が上がった。

この試合が，後にゲームの世界で「背水の逆転劇」「37秒の奇跡」と呼ばれるようになったことを説明した後，勝利を収めたのが梅原大吾さんであることを紹介し，次の問いをした。

■梅原さんはなぜ勝つことができたのだと思いますか。
■授業での思考の深まりを実感させるための最初の問いである。

生徒からは「ゲームが上手だから」「運がよかったから」「たくさん練習したから」といった理由が挙がった。

「確かにゲームの大会は運に左右される部分も強いようです。ですが梅原さんはこの大会に勝っただけでなく，これ以降のゲーム大会にも数多く勝利し，2010年8月に『世界で最も長く賞金を稼いでいるプロ・ゲーマー』として認定されるほどの成果をあげています」と説明した。生徒たちもさすがに運だけではなく，梅原さんには実力があったのだろうと考えた。

この授業のポイントが1回勝つだけでなく，勝ち「続ける」というところにポイントがあることを確認した上で，次のように問うた。

■梅原さんは「勝ち続ける」ためにどんなことをしていると思いますか。
■授業での思考の深まりを実感し，この後の梅原さんの話に驚きを生むための問いである。

生徒からは「毎日練習した」という意見しか出なかったので，「普段対戦ゲームをやることのある人はそのゲームで強くなるため，ゲームを攻略するために，具体的にどんなことをする？」と問うと，「必勝法を探す」「ほかの人にやり方を教わる」など，少しだけ答えに具体性が出てきた。

ある程度，生徒に予想させた後，梅原さんには『世界一プロ・ゲーマーの「仕事術」勝ち続ける意志力』という著書があることを紹介した。

「この本のなかで，梅原さんは自身が勝ち続ける理由として，以下のものをあげています」と説明し，（　）のなかを空欄にして生徒に提示した。

①得意技を（捨てる。）
②相手の弱点を（突かない。）
③勝つことを目的に（しない。）
④練習は1日（3）時間くらい。

空欄を予想させながら，1つずつ答えを提示していくと，生徒の予想とは逆の答えが並ぶことに驚きの声が上がった。特に④については，最初「6時間」という声が上がったので，「本当にそれで世界一になれるの？」とつっこみながら答えを提示したこともあり，特に驚いたようだった。

そこで教材（84ページに掲載）を配付して具体的にそれぞれの項目について，梅原さんがどのように考えているのかを説明した。

教材を読むときには，自分も大事だなと感じたところには下線を，「本当にそうかな？」と感じた部分や疑問を抱いた部分には二重の下線を引きながら読むようにした。

教材を読んだ後，「梅原さんは自分が勝ち続けられる理由をこのように考えているようですが，実際のところはどうなのでしょうか」と投げかけた上で次のように問うた。

❹ 対 梅原さんが勝ち続けられた理由はどれがいちばん大きいのでしょうか。
■梅原さんが述べた理由を客観的に分析することを通して，自我関与を促す発問である。

まずは4つの項目それぞれが何パーセントくらいの割合になるか，100%をそれぞれの項に分配し，理由を簡単に箇条書きするよう指示した。また，提示した4つ以外の理由もありそうだと考えた生徒にはそれも含めてよいこととした。生徒は自然とそれぞれの話に対する自らの共感度，あるいは生活体験と照らし合わせながら，数値を検討しているようだった。

次に4人グループをつくり，これらの数値を交流させ，グループとしての見解をまとめさせた。事前に話し合いの進行役，発表役を指名しておき，さらに話し合いの手順を以下

のように提示した。

①各自が自分の見解を順番に発表する。
②グループの答えをまとめる。
③理由を発表できるように準備する。

発表時には各グループから発表された理由を4つの項目ごと黒板に整理していった。

1回勝つだけならともかく，勝ち続けるためには，楽な方法に頼ってもうまくいかないこと，継続可能な内容を積み重ねることこそがいちばんの力となることなどが，生徒から発表された。

「梅原さんは著書のなかで『ゲームという極めて特殊なジャンルで培ったものではあるけれど，そこに人が関わり，なおかつ競い合い，勝敗という形で明確な結果が出る以上，勝つための努力や思考法は，一般の生活や仕事にも応用がきく』と述べています」と紹介し，次のように問うた。

❺ 深 結局のところ，人間が結果を出し続けるためのポイントは何なのでしょう。
■この時間の学びを個人でまとめ，自己の生活とつなげるための発問である。

梅原さんのエピソードをゲームの世界に限定せず，いろんな場面に応用するということを想定して各自に考えさせた。

グループでの話し合いや，全体での意見交流を通して深まった自分の考えを最終的に言葉で整理させ，座席が隣の者同士で書いた内容を交流させた。先ほどの全体交流で出た意見を黒板に書いておいたこともあり，これらの言葉から，自分自身の心に響いたものを使ってまとめているようだった。

最後に梅原さんの言葉，前掲書252ページの6行（「運に頼る人間は〜」）から11行（「〜いくことができる。」）を紹介し，授業を終えた。

教材 「勝ち続ける秘けつ」

①得意技を捨てる

ほとんどの人は，実力がつけばつくほどに自分なりのスタイルというものを確立してしまう。

たとえば，攻めるのが好きな人はKOで勝ちたがるし，守るのが得意な人はとことん引いてタイムオーバーになってでも勝とうとするとか，自分の得意な技ばかりを使う人が多い。すると，その形に縛られてプレイの幅が狭まり，結局は壁にぶつかってしまう。

その点，僕の勝ち方にはスタイルがない。スタイルに陥らないようにしていると言ってもいい。他人から「ウメハラの良さはここ」と言われると，それをことごとく否定し，指摘されたプレイは極力捨てるようにしてきた。

自分の得意な技があったとしても，それに頼らず，どんな状況でも勝てる方法を探るべきである。

②相手の弱点を突かない

たとえば，自分は裸で刀しか持っていないとする。一方の相手は刀を持ち，分厚い鎧も着ている。ところが，相手には決定的な弱点がある。刀を振り上げたときにいつも鎧に隙間ができる。だからその瞬間に鎧の隙間を切ればいい。それはアキレス腱を狙うような行為で，かたや裸，かたや鎧という差をいとも簡単に覆す。ただし，その戦法はその相手にしか通用しないため，きわめて個人的で限定的な強さになってしまう。

本来的な強さとは相手の弱点が見えてもそこを突かず，己の実力で勝つことでこそ磨かれていくものだ。読めるからといってそれに頼ると，別の強い相手との対戦で必ず苦戦を強いられる。結局自分自身の力で勝つのが一番。

③勝つことを目的にしない

大会を一つの目標に過ぎないと考え，自身の成長を目的と決めてからは大会の結果にあまりこだわらなくなった。勝っても負けても同じ気持ちで努力できるようになった。僕の場合，優勝して喜ぶのはほんの一瞬だ。その日だけ。次の日にはもう忘れている。絶対に負けられないと思っているプレーヤーは大体土壇場で萎縮してしまう。一方で日々の練習に60の喜びを見出してみると，負けても毎日が楽しいから大丈夫だと，気を楽にして自然体で勝負できる。

④練習は1日3時間くらい

受験勉強を乗り越えてきた人から，よく「1日15時間以上勉強していました」という話を聞く。なるほどすごいとは思うが，その努力を何年続けられるのだろう。おそらく1年くらいが限界ではないだろうか。

常に高いレベルをキープし，コンスタントに結果を出し続けるという観点からすると，物事の追究に自分の限界を超えた時間を割くのは効率が良くないと思う。短い時間であっても成長や進歩と思える小さな発見があればそれでいい。

今は，1日3時間もあればゲームの研鑽は十分可能だと思っている。何の発見もない15時間よりも，小さくても発見のある3時間の方がはるかに有意義で長く続けることができる。

『世界一プロ・ゲーマーの「仕事術」勝ち続ける意志力』より授業者まとめ

（北海道　高橋和寛）

乗り越えないといけないほんの少しのこと

19. エディさんの「これだけ」

感　動	★★☆
驚　き	★★☆
新たな知恵	★☆☆
振り返り	★★★

CD-ROM
3-19
授業用
パワーポイント

教える，指導する職種があります。教師，コーチ……。プロボクシングのトレーナー，故・エディ・タウンゼントさんは選手の気持ちをつかみ，たくさんの名選手を育ててきました。人と交わり育てる職業の素晴らしさに触れさせ，勤労観を育てたい。そう願ってこの授業を創りました。

 『オーケー！ ボーイ』 卓球王国・刊
百合子・タウンゼント：監修　高橋和幸：写真

■ 教材の概要 ■

6人の日本人プロボクシング世界チャンピオンを育てた名トレーナー，エディ・タウンゼントの信条が詰まっている。選手への愛情や練習への厳しい姿勢が記され，そのなかでも「チャンピオンになれるかどうかのちょっとの差」の内容や教え方は心引かれるものである。生徒に「教える仕事の素晴らしさ」を伝えるのに適した教材である。

■ 授業構成 ■

0		10	13		23		36		45	50(分)
●発問● この6人は誰？（写真①〜写真⑥を提示）・6人の説明		●説明● エディ・タウンゼントさんの説明	●説明● 写真などを使って		●発問● 「これだけの差」とは何か？		●発問● どういう人が適している？		●発問● 情熱をもつためには？	

協働的な学び 班で付箋紙を使って考えを出し合い，グルーピングを行う。

■ 本時の授業を中心に見取った評価文の例 ■

協働的な学びを通して，目標達成のためにしなければならないことを学び合っていました。取り組みやすいところから進めていきたいという意欲を語っていました。

協働的な学びの度合い ●●●● 授業準備度 ●●●○

85

ねらい

　エディ・タウンゼントさんの教えに触れ、人を育てる仕事の条件を考えることを通して、勤労を通じて人のためになりたいという心情を育てる。　　　　　　　C13［勤労］

準備

・『オーケー！ ボーイ』表紙カバー裏と表の
　写真（88ページに掲載）　提示用
・ワークシート　生徒数分

授業の実際（3年で実施）

　手の指で、「ちょこっと」を意味するしぐさを生徒に見せた。そして前掲書の表紙カバー裏にある6枚の写真教材を順に提示しながら問うた。

■ この写真の人は誰でしょう。

　■ 教材への導入を図り、興味を高める発
　　問である。

　「この人を知っていますか」と言って、88ページに掲載している元・プロボクサー田辺清さんの写真を見せる。1960年ローマオリンピックのフライ級銅メダリストで、プロ転向後は世界王座を期待されるも世界挑戦をする前に網膜剥離が起きてしまい、引退している。生徒は誰もわからなかった。

　続けて、元・プロボクサー友利正さんの写真を見せる。元・WBC世界ライトフライ級チャンピオンである。「タレントではないか」という発表があったが、違うと答えた。

　続けて、元・プロボクサー村田英次郎さんの写真を見せる。世界挑戦に4度経験するが失敗。わずかに及ばず引き分けが2回あった。現在はエディタウンゼントジムの会長である。この写真には、背景にエディ・タウンゼントのパネルがあるが、「村田さん」という文字で隠した。これも誰もわからなかった。

　続けて、元・プロボクサー井岡弘樹さんの写真を見せる。元・WBC世界ミニマム級王者、元・WBA世界ライトフライ級王者。エディさんの最後の愛弟子である。この写真はボクシングジムで写されたものなので、生徒から「ボクシングの人？」などの声が上がった。しかし、意外と誰かはわからなかった。

　続けて、元・プロボクサー赤井英和さんの写真を見せる。これは「赤井さん」「タレント」「コマーシャルに出てくる」と、生徒はよく知っていた。ボクサーとして「浪速のロッキー」と言われ、とても人気の高い選手だった。現在は俳優業やタレント業をされている。

　最後に元・プロボクサーガッツ石松さんの写真を見せる。これも「ガッツさん」「俳優」など声が上がった。元・WBC世界ライト級チャンピオン。現在は俳優業やタレント業をされている。

　写真を1枚ずつ並べながら、今までに記載した内容を説明していった。

　「皆、元・プロボクシングの選手でした」と解説した。その6枚の写真を黒板に並べると、生徒から「同じポーズをしている」という声が上がった。「そうだね。そのことを考えたいね」と言って、「この『ちょこっと』のポーズは何を意味するのだろう」と板書した。

　「その前に押さえておきたいことがあります。この6人を共通して教えたトレーナーはエディ・タウンゼントさん。アメリカ合衆国ハワイ出身のボクシングトレーナーで1988年、74歳で亡くなられました。6人の世界チャンピオンを育てた名トレーナーです。先の6人のなかでは、ガッツ石松さん、友利正さん、井岡弘樹が世界チャンピオンです」と『オーケー！ ボーイ』の表紙を大きく提示しながら説明した。「ここも同じポーズをしている」という声があがった。問題意識はますます高くなってきた。「それでは皆さんがいちばん疑問に思っている『ちょこっと』のポーズについて考えましょう。世界チャンピオンになれる、なれないは、どれくらい差があるの？　という問いに、『これだけよ。ほんとうにこれだけの差よ。わかる？』と答えてのポーズでした」と説明し、次の発問をした。

② 🔵 エディさんが言う「世界チャンピオ

ンになれるかなれないかの『これだけ
の差』」とは，どんな差だと思いますか。
■エディさんの教えの意味を深く考えさ
せるための発問である。

　初めに個人で3分考えさせて，ワークシー
トに書かせた。それを1つずつ付箋紙に書か
せた。6人班をつくり，下のような，A3用
紙を中央に置き，付箋紙を6つに分けた自分
のゾーンに貼らせた。

　そして，全員の付箋紙を見渡して，同じ意
見や似た意見の付箋紙を重ね合わせて中央の
ゾーンに置くグルーピングの活動をさせた。各
班で，次のような付箋紙のグループができた。

　・練習をきちんとする，しない。
　・勝とうとする気持ち。
　・最後まで諦めない気持ち。
　・失うものがあるかないか。
　・運。
　・良い出会いがあるか。
　・素直な心。
　・自分で考える姿勢。

　似たグループの付箋紙は近くに置かせた。
　「みんなが考えたのも立派な回答だと思いま
す。エディさんの本には，違いはほんの数セン
チ。誰にでも可能性があるっていうこと。
『もうだめだ』とあきらめるか，『あと，少しだ
け！』と思ってがんばれるか……。と解説が
書いてありました (前掲書 p.9)」と説明を加えた。
　「しかし，皆さんがよく考えたように，そ
の言葉は選手にたくさんのことを考えさせた
のだと思います」と言い，井岡さんの写真を
再度提示して，井岡さんはこう解釈されまし
た。「自分のことを思いやって，一生懸命やっ
てくれはる人の言葉信じて，自分の力を信じ
てがんばれるかどうかが，エディさんの言う
『コレだけの差』や思いますよ。(前掲書 p.91)」
と説明し，そのようなことが班で出されたか

確認した。
　いくつか本のなかからエディさんの教えを
スライドで紹介した。生徒はしみじみとした
表情で聞いていた。
　「エディさんがされたトレーナーという仕
事はプロボクサーを育てる仕事ですね。ほか
にも人を育てる仕事はたくさんあります」と言
うと，生徒から「学校の先生」「サッカークラ
ブのコーチ」「ピアノの先生」などの声が出た。

3 　深「人を育てる仕事」に就く人は，どのような人が適していると思いますか。
■教材で考えたことを自分に近づけて考
えさせる主発問である。

　2分ほど考えさせ，ワークシートに記述さ
せた後，ペアで話し合わせた。そして机間指
導のなかで出ていた，あまり重ならない3つ
の考えを意図的に指名し，発表させた。その
考えをもとに学習を続けるので，生徒の発表
に補足してわかりやすく板書していった。

> A…人柄が良い人。
> B…教えられる人の希望をかなえたい
> 　　と強く思う情熱がある人。
> C…教え上手で教えられる人の力を伸
> 　　ばすことができる人。

　「キーワードをつけるとしたら，Aは『人
柄』，Bは『情熱』，Cは『教え上手』でしょ
うか」と説明し，「このなかから1つだけ選
ぶとしたらどれが大切だと思いますか」と問
うて挙手させると，Aが5人，Bが21人，C
が10人であった。そう選んだ理由をペアで話
し合わせた。

4 あなたは将来仕事に就いたとき，その仕事に対する「情熱」をもつために，これからどのようなことが必要と思いますか。
■自分事として考えさせる発問である。

　3分ほど考えさせ，ワークシートに記述さ
せて授業を終えた。記述の例は88ページの通
りである。

教材 教材1 『オーケー！ ボーイ』卓球王国・刊　表紙カバーの裏面より

上左から右へ，田辺清さん，ガッツ石松さん，村田英次郎さん
下左から右へ，友利正さん，赤井英和さん，井岡弘樹さん

教材2 『オーケー！ボーイ』卓球王国・刊　表紙カバーの裏面より

エディ・
タウンゼントさん

問4の実際の記述例（ワークシートより）

・向上心が必要だと思います。それは仕事についてからではなくて，今でも何にでも
　そういう気持ちで取り組むことが大切だと思います。
・やりたいと思う仕事を見つけることができればきっと情熱はもてると思う。今はあ
　まりはっきりと思えないけれど，友達のなかにはある人もいる。イメージをもちた
　いと思った。
・自分がする仕事が好きになるかどうかが大きいのではないか。仕事だから大変なこと
　もあるだろうけれど，そのなかでもやりがいを見つけて楽しくがんばれるならばいい。

（熊本県　桃﨑剛寿）

1年

2年

3年

絶望か希望か

20. どちらの考えでしょう

感　動　★★☆
驚　き　★★☆
新たな知恵　★★☆
振り返り　★★☆

CD-ROM
3-20
授業用
パワーポイント

　中学生と聞くと，希望に満ちた年代であると大人は考えるかもしれません。しかし，自分自身に価値を見いだせず，ほかの生徒との比較のなかで苦しみを感じている生徒も少なからずいることでしょう。また物事を柔軟に捉えられずに，悩みから抜け出せないこともあるでしょう。自分自身の個性を見つめ，自己を受け入れられるようになってほしいと願い，この授業を創りました。

 知恵

『絶望名人カフカ×希望名人ゲーテ』

フランツ・カフカ／ヨハン・ヴォルフガング・フォン・ゲーテ：著　頭木弘樹：編訳　草思社文庫

■ 教材の概要 ■

　絶望名人カフカと希望名人ゲーテ。同じテーマについて語った2人の作家の言葉を紹介している。まるで時空を超えて対話をしているようにすら感じる。ゲーテはポジティブな言葉を語り，カフカはネガティブな言葉を語る。しかし，カフカは希望を捨てず，ゲーテは絶望の意味をかみしめている。希望と絶望の正反対の言葉を多く語る作家を知ることで，新しい視点を得られる教材である。

■ 授業構成 ■

| 0 | | 7 | 10 | | 15 | | 19 | | 25 | | 33 | | | 43 | | 46 | | 50(分) |

●発問●
正反対の人はどんな人？

●提示●
ゲーテとカフカ紹介

●発問●
希望についてどう思う？

●発問●
2人の育った環境は？

2人の共通点提示

●発問●
共感する考えは？

グループで交流

●発問●
希望について どう思う？

●発問●
自分自身をどう思う？

協働的な学び　グループでの意見交流をします。

■ 本時の授業を中心に見取った評価文の例 ■

　教材の登場人物に自分を重ねて考えていました。特に，ゲーテとカフカの考え方を比較する授業では，自分のなかにポジティブな面とネガティブな面があることに気づき，そのことを熱心に友達に説明する様子が見られました。

協働的な学びの度合い ●●●●●●　　授業準備度 ●●●●●●

ねらい

正反対の2人の作家の考えを通して，自分自身の個性を生かしていこうとする態度を育てる。　　　　A3[向上心，個性の伸長]

準備

・ワークシート（92ページに掲載）　生徒数分

授業の実際（1年で実施）

目を閉じさせ，「心のなかで自分と正反対だなと感じる人を思い浮かべてください」と指示して最初の問いをした。

■どんな人物像で，その人にどんな思いをもっていますか。

■生徒自身の自己像や考え方を振り返るための発問である。

ワークシートに記入させた。その後，2人指名して答えさせた。

・勉強をこつこつとやる人。
　➡そうなりたいなあ。
・自分の意見をはっきりと言える人。
　➡うらやましい。

「今日は2人の作家ゲーテとカフカの対照的な考え方に触れていきます」と説明し，黒板に肖像画を張り，2人について92ページのプロフィールの説明をして最初の問いをした。

■どちらの言葉に共感できますか。それはなぜですか。

■自分自身の考え方の傾向を明確にするための発問である。

> **ゲーテ**「希望は誰にでもある。何事においても，絶望するよりは，希望を持つほうがいい。先のことなど誰にもわからないのだから」
> **カフカ**「ああ，希望はたっぷりあります。無限に多くの希望があります。――ただ，ぼくらのためにはないんです」
>
> 前掲書より授業者まとめ

どちらに共感したかを挙手させると，多くの生徒は前向きなゲーテの言葉に共感していた。一部，カフカの自虐的な言葉に共感をもつ生徒もいた。

その理由もたずねると，ゲーテを選んだ生徒は「そう考えた方がうまくいくから」「プラス思考が大切だと思う」と答えた。カフカを選んだ生徒は「自分もよくそう思うから」「用心深い方がちょうどよい」と答えた。

「よっぽど2人は違う環境で過ごしたのかな」と投げかけて，次の問いをした。

■2人はどのような環境で育ったと思いますか。

■正反対の作家の境遇を考えさせる発問である。

2人が発表した。
・ゲーテは恵まれた環境で，カフカは悲惨な環境で育ったと思う。
・ゲーテは愛された環境で，カフカは愛されなかった環境で育ったと思う。

そこで2人の共通点を説明した。

> 裕福な家に生まれた。
> 父方はもともと低い身分だった。
> 父親の期待を背負わされ，父親とうまくいかなかった。
> 父親の意向で法律を学んだ。
> 文学の道に進みたいと願っていた。
> 画家になりたいと思ったことがあった。
> お気に入りの妹がいた。
> 作家以外に役人の仕事をもっていた。
> 朗読が好きだった。
> 自分の原稿をよく焼いた。
> 未完成な作品がたくさんあった。
> 自殺を考え，思いとどまった。
> 恋愛をするたびに名作を書いた。
>
> 前掲書より授業者まとめ

共通点の多さに生徒は驚いていた。「こんなに似た環境なのに，2人は考え方がだいぶ違うんだね」と補足して，次の問いをした。

■ 対 次の言葉にどのくらい共感できますか。

■自分自身の考え方を振り返らせる発問である。

自分自身の気持ちに近い★の数（最大3つ）を次のような基準で塗りつぶさせた。

「それって自分のことです」を★★★，「わかるねえ」を★★☆，「そういうのもあるんだね」を★☆☆，理解不能を☆☆☆とした。

> ①自信について
> 「自信を持つことです。そうすれば，どう生きればいいのかわかりますよ」ゲーテ
> 「この世界での，この町での，ぼくの家庭での，自分の位置というものに，まったく自信が持てない」　カフカ
>
> ②人と接することについて
> 「性格の合わない人ともつきあったほうがいい」　　　　　　ゲーテ
> 「人々の視線，彼らがそこにいるということ，そこにすわってこちらを見ているということ，そうしたすべてが，ぼくには強烈すぎる」　　カフカ
>
> ③態度について
> 「生きている間は，生き生きしていなさい！」　　　　　　　ゲーテ
> 「ぼくは静かにしているべきだろう。息ができるというだけで満足して，どこかの片隅でじっと」　カフカ
> 前掲書より授業者まとめ

ワークシート記入後，グループで交流して選んだ理由を発表し合う交流をさせた。

交流の様子

自分と似た考えをしていると思われる生徒に近寄って，「そうでしょ」と盛り上がる場面が見られた。

自分の意見を「君はどう考えてもカフカのタイプでしょ」などと周囲に予想外であると受け止められる生徒が多くいた。そのことに戸惑ったり，うれしそうだったりしている表情も見られた。

意見を交流することで，自分自身がもっている自己イメージと他者からのイメージの違いを知ることができた。

5 この言葉についてどう思いますか。

■ポジティブなゲーテ，ネガティブなカフカという固定的な見方を払拭させ，人はいろいろな面をもつことに気づかせる発問である。

> 希望について
> 「絶望することができない者は，生きるに値しない」　　　　　ゲーテ
> 「もしぼくが赤の他人で，ぼくと，ぼくのこれまでの人生を観察したなら，次のように言わざるをえないだろう。
> すべては無駄に終わるしかなく，迷い続けている間に使い果たされ，創造的なのはただ自分を悩まされることにおいてのみだと。しかし，当事者であるぼくは，希望を持っている」　カフカ
> 前掲書より授業者まとめ

・どんな人でも希望はもち続けている。
・人をこういう人だと決めつけることは難しい。

カフカの愛読書がゲーテであったことを伝えると，「そうなんだ」と言う生徒がいた。

6 主 授業の最初に自分と正反対の人を思い浮かべました。今その人と比べて，自分自身に対してどんなことを感じますか。

■自分自身を改めて振り返らせる発問である。

・自分は，こういう人と決めつけていたけれど違う面もあるかもと思った。
・正反対だと思う人にも似たところがきっとある。

最後に授業の感想を書かせて終えた。

●生徒の感想

・正反対の2人だけど，どちらも自分の意見をもっている。前向きに考えるのは大切だけど，ネガティブな考えをもつことも大切だと感じた。
・ゲーテに共感する部分が多かったが，カフカのような自分とは違う感じ方をしている人が多くいて驚いた。

ワークシート

第（　　）回　道徳科「どちらの考えでしょう」　　　組　名前 _____

1　どんな人物像　　　　　　　どんなことを感じる➡

2　どちら（　ゲーテ　カフカ　）　それはなぜ➡

3　どんな環境

4　☆を塗りつぶす
　　①自信について　　　　　　ゲーテ☆☆☆　カフカ☆☆☆
　　②人と接することについて　ゲーテ☆☆☆　カフカ☆☆☆
　　③態度について　　　　　　ゲーテ☆☆☆　カフカ☆☆☆

5

6

教材　ゲーテとカフカのプロフィール

ゲーテ（1749-1832）ドイツ，フランクフルトに生まれる。1774年『若きウェルテルの悩み』を発表し一躍有名作家となる。その後も精力的に詩集，戯曲，小説を発表。今なお世界中の芸術家，思想家に影響を与え続ける不朽の名作『ファウスト』を1831年，着想から実に60年の歳月を費やして完成させた。

カフカ（1883-1924）オーストリア＝ハンガリー帝国領当時のプラハ（現在のチェコ共和国の首都）で，ユダヤ人の商家に生まれる。生前発表された『変身』，死後注目を集めることになる『審判』『城』等，人間存在の不条理を主題とする作品を多数残している。現代実存主義文学の先駆者。

授業者まとめ

（北海道　千葉孝司）

1年		捨ててはいけない夢や希望	感 動	★★☆

2年	21.体育館前のポスター	驚 き ★★☆

新たな知恵 ★☆☆

振り返り ★★★

3年

CD-ROM
3-21
授業用
パワーポイント

　1枚のポスターにも心が込められている。それは町職員から地域住民への愛を込めたメッセージでした。1枚の身近なところにあるポスターからも，生徒が一生忘れることができない道徳授業が創れます。そう感じて授業を創りました。

 振り返り **益城町総合体育館前のポスター**
小松和彦教諭・撮影　2014年11月22日

■ 教材の概要 ■

　町立の体育館前に1枚の張ってあったポスター。そこには「ポイ捨て禁止!!」「捨ててはいけないもの」「ゴミ・タバコ」「生き物」「夢や希望」とあった。それをたまたま部活動の試合で訪れていた小松和彦教諭（当時・熊本県熊本市立白川中学校教諭，現在・同五霊中学校教諭）が2014年11月に撮影した写真である。そして，小松先生は，それを道徳授業の教材に使えないかと発想した。

■ 授業構成 ■

協働的な学び	ワークシートを回して，互いにコメントを入れる。

■ 本時の授業を中心に見取った評価文の例 ■

　自分の夢は周りからも大切にされていることに気づき，今まで以上に大切にしていきたいという気持ちを発表していました。

協働的な学びの度合い ●●●●●●　　授業準備度 ●●●●●●

ねらい

町職員さんが作成したポスターを通して，周りからも大切にされている自分の夢を大切にしていこうとする心情を高める。

A4［希望と勇気，克己と強い意志］

（関連：C12，C13）

準備

・教材（写真）「体育館前のポスター」（96ページに掲載）　提示用

授業の実際（3年で実施）

「今日の授業は，小松先生が以前，部活動の試合に引率していったときに，会場近くの体育館の前に張ってあった1枚のポスターを見て，とても感動され，みんなにも伝えたいと願って生まれた授業です」と説明し，生徒の意欲を高めた。

続けて，「そのポスターは，町の職員さんが作成されたものです。そのポスターにいちばん大きく書いてあったのは『ポイ捨て禁止‼』という言葉です。そして，捨ててはいけないものの例がいくつか書いてありました」と説明し，最初の発問をした。

■1 捨ててはいけないものの例に，何が書かれていたと思いますか。

■教材にある意外な表示に印象的に出合わせるための発問である。

自由に発言させ，板書していった。

・タバコ　　・弁当ゴミ
・空き缶　　・ペットボトル
・家庭ゴミ　・試合であきらめない心

「試合であきらめない心，とはどういう意味でしょうか」とたずねると，発表した生徒は「体育館前にあったポスターなので，子どもたちがスポーツ大会で元気を出すように書いたのではないかと考えました」と答えた。

「そのポスターには，捨ててはいけないものとして，まず『ゴミ・タバコ』と書かれて

いましたね」と説明した。

「次に『生き物』と書かれていました」と説明すると，生徒は意外だという感じで受け取っていたようだった。「なぜ『生き物』と書いてあるのでしょうね」とたずねると，「ペットをおもちゃのように飼って，最後まで飼わない人がいる」「熱帯魚や昆虫など飼いにくいものを捨ててしまう人がいる」と答えた。

「最後の3つめに，『夢や希望』とありました」と説明した。生徒は，生き物という表記以上に意外な感じをもったようであった。『試合であきらめない心』という発表にちょっと似ていますね」と説明した。

■2 どうして，町の職員さんはポスターに「夢や希望」を入れたと思いますか。

■ポスターに込められた思いを想像させる発問である。

1分ほどペアで話し合わせた。その後挙手した生徒に発表させた。

・体育館に来た選手に勇気を与えるため。
・夢や希望をもてない人が多いので，このポスターを見た人に夢や希望を大切にしてほしいと伝えるため。
・「ゴミを捨ててはいけません」としか書いていなかったら印象に残らないから。

以上を板書し，「整理すると，体育館に来たスポーツ選手への応援，夢や希望をもてない人全体への応援，印象に残らせるためのひと工夫といったところでしょうか」と補足し，キーワード「選手への応援」「夢や希望をもてない人への応援」「ひと工夫」を板書に加えた。

「このポスターの下の方に益城町総合体育館と書いてあることに気づきましたか。益城町は2016年に起きた熊本地震で大きな被害を受けた町です。その当時の体育館も解体され，今，新しい体育館が建設されているところです」と説明した。

■3 対 どうして，町の職員さんはポスターに「夢や希望」を入れたと思いますか。

■被災地にあった体育館であるという情報も加味して考えさせる，前と同じ発問

である。

　発表の内容は収束されると思ったので，挙手させ，指名して発表をさせた。

・被災した町の人にがんばってほしいという願いを込めた。
・体育館に来た被災された人にも，元気を出そうと呼びかけた。

ここでこのポスターが張られた時期について説明した。「実はこのポスターを小松先生がカメラで写したのは，2014年の11月。つまり2016年に起きた熊本地震の前から張られていたものです。災害が起きる前に，町の職員さんが自作したポスターだったのです」と説明した。

　このポスターについて感想を話し合うよう4人班をつくり，3分ほど交流させた。机間指導をしていると，「熊本地震があったからつくったということではなく，普通に生活しているときからこういうことをするのは素晴らしい」「町の職員さんに会ってみたい」という発言があった。

4 🈺 あなたの「捨ててはいけない」夢や希望は何ですか。

■自分自身の生き方を振り返る発問である。

　あらかじめ「全員に発表してもらいます」と伝えてから書かせた。列発表させて教師が分類しながら書いていった。

部活動
・部活動を最後までがんばる。
・九州大会に出場する。
・市内の強豪校に中体連で勝つ。

学習
・希望する高校に合格する。
・得意な英語を伸ばし，それを生かした職業に就く。

進路
・希望の職業（ゲームのプログラマー，教師，栄養士，パティシエ，医者，スポーツ選手，政治家）
・親の跡継ぎ。

習い事
・バレエで主演をしたい。
・サッカークラブでこれからもがんばり，将来はそのクラブの指導者になる。

その他
・温かい家庭を築きたい。
・健康な人生を送る。
・友達に囲まれた楽しい人生を送る。
・北海道に移住して暮らしたい。

5 その実現のために，あなたはどのようなことに取り組まないといけないですか。

■自分の生き方について考えさせる発問である。

　3分時間を与え，書かせた。

　その後，4人班のなかで書いたワークシートを回して応援コメントをひと言書かせた。そのワークシートは回収し，教師もコメントを書き加えた。

　「いろいろな取り組みを書きましたね。取り組みにくいと思ったら，どうしたら取り組みやすくなるかなと考えてみてください。効果が小さいなと思ったら，どうしたら効果が大きくなるかを考えてください」と助言して，授業を終えた。

●生徒の感想

・市内の強豪校に中体連で勝つ。➡「日々，相手をイメージした練習をする。スコアラーとして相手を分析する」
・得意な英語を伸ばし，それを生かした職業に就く。➡「英語コースの学校を受験したいです。高校3年間もしっかり勉強に取り組み，高校生活のなかで考えて，大学へ行くか，海外へ行くかを決めます」
・サッカークラブでこれからもがんばり，将来はそのクラブの指導者になる。➡「まずは練習を休むことなくがんばること，あいさつや整理整頓など，クラブチームで大切にしていることを率先して行うことです。ときどきできないので，そこをがんばりたいです」
・北海道に移住して暮らす。➡「大学でぜひ北海道の大学へ行って，獣医師の免許を取りたい。そうすれば，北海道で就職できるのではないかと思う。もしうまくいかなくても，老後に移りたい。叔父が住んでいる北海道に住むのが夢です」

教材 （写真）「体育館前のポスター」 益城町職員：作成　小松和彦：撮影

※最初提示するときは，矢印の下を隠しておき，熊本地震と関係なく思考させた。

（熊本県　桃﨑剛寿）

1年

2年

3年

ボランティアを楽しむ

22. ボランティアに必要なこと

感　動	★★☆
驚　き	★★☆
新たな知恵	★★★
振り返り	★★☆

CD-ROM
3-22
授業用
パワーポイント

　ボランティアと聞けば，参加することに抵抗を感じる生徒が多いようです。その理由に，「自発性・無償性・公共性・先駆性」という基本的理念をちょっと堅苦しいと感じているのかもしれません。「サンタラン」を日本で始めた矢野舞さんは，「楽しくて参加しやすいチャリティーなら長く続けられる」と言っています。この授業を通して，ボランティアを楽しむという新たな視点を与え，参加意欲を高めたいと考えました。

 「チャリティーの『サンタラン』を広めた矢野舞さん」
読売新聞「顔」　2017年12月4日

■ 教材の概要 ■

　「サンタラン」とは，サンタの衣装を着た多くの人々がまちなかを走るチャリティーイベントです。このイベントの収益で，毎年，病気と闘う多くの子どもたちへクリスマスプレゼントが贈られています。2009年に大阪で始まったこのイベントは，現在では長崎，札幌，東京など日本各地で開催されるようになりました。「サンタラン」を日本で始めた矢野舞さんの想いが伝わってきます。

■ 授業構成 ■

0	7	17	22	30	40	50(分)
●発問● ボランティア経験？	●発問● ボランティアの4つの条件？	●教材● ボランティアの実態を知る	●教材● サンタランの取り組みの様子を知る	●発問● 矢野さんがサンタランを始めた理由？	●発問● ボランティアの新たな条件を考える	

協働的な学び　従来のボランティアの必要条件に加える新たな条件を話し合わせる。

■ 本時の授業を中心に見取った評価文の例 ■

　授業を重ねるごとに，新たな視点を得ることでとても満足する様子が見られるようになりました。特に「サンタラン」を教材にしたボランティアの授業では，自分を犠牲にするという考えから自分が楽しむという視点を得られたことを学びとして捉えていました。

協働的な学びの度合い ●●●　●　●　　授業準備度 ●●●　●　●

ねらい

チャリティーイベント「サンタラン」を日本で広めた矢野舞さんの考えを知ることで，ボランティアに「自分が楽しむ」という新たな視点を与え，実践意欲を高める。

C12［社会参画，公共の精神］

準備

・「チャリティーの『サンタラン』を広めた矢野舞さん」読売新聞「顔」2017年12月4日 生徒数分
・教材1・教材2・教材3（100ページに掲載）提示用

授業の実際（3年で実施）

1 今までにどんなボランティアをしたことがありますか。

■自分の体験を振り返る発問である。

最初全員を起立，列指名により発表させ，同じ意見の場合は着席させていく。こうすることで，授業に動きが生まれ意欲が高まる。

次のような発表があった。

「地域清掃活動」「敬老の絵手紙」「アーケード街での赤い羽根共同募金」「あいさつ運動」「老人ホームでの職場体験学習」

2 ボランティアに必要なことは何だと思いますか。

■ボランティアとは何か，深く考えさせる発問である。

生徒から出た意見を認めながら板書していった。次のような発表があった。

「積極的に動くこと」「相手の立場になる」「助けたい心をもつこと」「感謝の気持ちをもつこと」「優しさ」「愛情」「元気」「笑顔」「体力」などの意見が出た。「いろいろな解釈がありますが，一般的には次の4つです」と言って，以下をそれぞれ説明をしながら提示していった。

①自分から進んで行う。
②社会の役に立つことを行う。
③お金など見返りを求めない。
④より良い社会をめざす。

「先に聞いたけど，みんなが経験したボランティアは4つとも当てはまるかな」と投げかけると黒板を食い入るように生徒は見ていた。

3 中学生でボランティア活動をしている人は何パーセントぐらいいると思いますか。

A 1%　B 10%　C 20%　D 40%

■ボランティアの実態を考えさせる発問である。

全員を参加させるために4択クイズにして，挙手させた。

結果は，Dがいちばん多かった。その後，教材1のグラフ「『ボランティア活動』の年齢階級別行動者率」を提示して，説明を加えた。

「平成28年の調査では，10〜14歳が25パーセント，15〜19歳が20パーセントとなっています。平均すれば，20パーセント程度の中学生がボランティア活動に参加していることがわかります」と補足した。

4 中学生のボランティア参加率20パーセントは多いと思いますか，少ないと思いますか。その理由も考えましょう。

■ボランティア活動に参加しない理由を考えさせる発問である。

ほとんどの生徒が少ないと思うに挙手をした。その主な理由として，

「休みの日はほとんどが部活動があるので参加できない」「ボランティア活動の大切さがわかっていない」「ボランティア活動に興味がない」などの意見が出た。この後，どのようなボランティア活動に参加しているのかを教材2のグラフ「『ボランティア活動』の種類別行動者率」を提示しながら説明した。①まちづくりのための活動②子どもを対象とした活動③安全な生活のための活動

などをしている人が多いことを確認させた。また，東日本大震災後には，災害関連のボランティア活動が増加したことを押さえた。

続いて，サンタラン大阪の写真を提示して問うた。

5 写真の人々は，何をしているのでしょうか。

■授業への関心を高める発問である。

ゆっくりと数枚の写真を提示していった。

数名の生徒が「サンタクロースの集会をしている」「サンタクロースのウォーリーを探せみたいなイベント」と発表した。

「このイベントは『サンタラン』と言います。サンタクロースの衣装を着て走るチャリティーイベントです（歩いてもよい）。2009年から大阪で開かれ，現在は札幌や東京，長崎などにも広がっています。長崎県の奈留島でも開催されて，200名近い参加者がありました」と説明したところ，離島でも200名参加したことに驚いた生徒もいた。サンタランの主催者である矢野舞さんの写真を提示して問うた。

6 矢野さんは，どうしてサンタランを日本で開催しようと思ったのでしょうか。

■ボランティアについて新たな視点を考えさせる発問である。

「地域の活性化をしたり，明るくしたりするため」「いろいろな年齢の人たちがふれあう機会をつくるため」「歩きながらゴミ拾いをするため」などの意見が出た。数名に発表させた後で，読売新聞「顔」2017年12月4日の記事を読みながら説明を加えた。

・2006年に留学中の英国エディンバラで，欧米を中心に開かれているサンタランに参加し，「楽しみながら誰かの支えになれる」と感動した。
・参加者はSNSなどを通じて増え，今年は5500人。参加費は大人3240円でサンタの衣装付き。
・クリスマスが近づくと運営スタッフらで病院を回り，「多くのサンタが応援しているよ」と絵本やおもちゃを手渡す。
・子どもたちの笑顔を見ると，参加者の思いが形になったと感じる。
・3日は，自らサンタ姿で参加者の撮影に走り回った。「楽しくて参加しやすいチャリティーなら長く続けられる。誰かのために，という人々の輪が広がれば」。
・闘病中の家族の支援など，通年での活動もスタートさせた。

ボランティアに必要なことをまとめた次のフラッシュカードを提示し，問いをした。

①自分から進んで行う。
②社会の役に立つことを行う。
③お金など見返りを求めない。
④より良い社会をめざす。
⑤（　　　　　　　　）

7 🈲 ボランティアに必要なことをもう一つ考えてみましょう。

■矢野さんのボランティアについての考えを自分のなかに取り入れる発問である。

ペア学習で意見を交流させた。机間指導をして次の意見を発表させた。

「視野を広げる」「他人と協力する」「弱い立場の人のことを考える」「自分のことだけを考えない」

最後に意図的指名をして，次の意見を発表させた。「自分が楽しいと思って取り組む」

サンタさんからプレゼントをもらい喜んでいる子どもたちの写真を数枚提示して，最後に教材3の喜びのメッセージを紹介して授業を終えた。

教材1 「ボランティア活動」の年齢階級別行動者率（平成23年，28年）

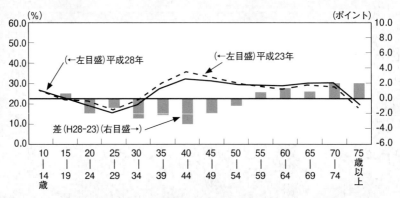

総務省統計局平成28年社会生活基本調査生活行動に関する結果
総務省統計局公式ウェブサイト　http://www.stat.go.jp/data/shakai/2016/pdf/youyaku.pdf

教材2 「ボランティア活動」の種類別行動者率（平成23年，28年）

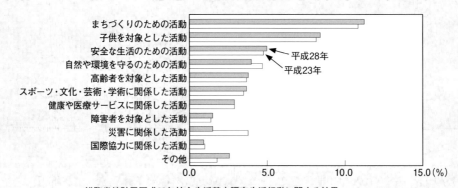

総務省統計局平成28年社会生活基本調査生活行動に関する結果
総務省統計局公式ウェブサイト　http://www.stat.go.jp/data/shakai/2016/pdf/youyaku.pdf

教材3 「私たちの想い…プレゼントを受け取ったお母さんからのメッセージ」
大阪サンタラン公式ウェブサイト　https://www.santa-run.com/より

　あの頃，3歳の娘はサンタさんの存在を知ったばかりでした。家ではなく病院にいることをサンタさんは知っているだろうか？ととても心配していました。治療の関係で1カ月以上個室から出ることができず，病棟でのクリスマス会も参加できず，ホールに飾られたクリスマスツリーを見に行くことさえ消灯後の誰もいなくなったときしか許されなかった。親子共にとてもとても辛い時期でした。そんな時サンタさんが来てくれたことは，プレゼントをもらった喜びだけでなく，誰かが見ていてくれる，応援してくれている，というメッセージも娘に伝えてくれたと思います。サンタランに参加してくださったたくさんの方々の思いがこれからもたくさんの子ども達に届き笑顔の輪が広がることを願っています。

（長崎県　山中　太）

1年
2年
3年

結果をどう受け入れるか

23. メダルの色って何だろう

感 動	★☆☆
驚 き	★★☆
新たな知恵	★★★
振り返り	★★☆

CD-ROM
3-23
授業用
パワーポイント

　道徳科ではスポーツを題材とした教材開発が求められています。ところが，「最後まで諦めない結果，大逆転を生んだ」「努力の成果，連覇を続けた」などの感動は実は伝わりにくいものです。なぜならば「勝者はごく一部に限られること」「生徒一個人の思考と，国と国が競うオリンピックでの思考の間には大きな壁があり，意見をもちにくいこと」を教師も生徒もわかっているからです。そこで競技自体に着眼しない教材開発の例を紹介します。

知恵 ## オリンピックの表彰式

■ 教材の概要 ■

　テレビ番組での「銀メダルや銅メダルも立派だが，その上がある。1番と3番を同じように扱ってもらいたくない」「金メダルをさらに評価すべきだ」という張本勲コメンテーターの発言を紹介しました。さらに，銀メダルでも評価している選手を紹介しました。中学生になると，受験や部活など，はっきり結果を突きつけられる場面が増えます。結果をどう受け取れるか。これを考えさせようというねらいです。

■ 授業構成 ■

```
0           10   14    19  22    27       32       37          47  50(分)
●発問●      ●教材● ●発問● ●発問● ●発問●  ●発問●   ●発問●     ●発問●      感想
メダルの価値の 世論の コメント 似てい 金と銀の 銀と銅の  金と銅の    再順位づけ
順位づけ     紹介  順位づけ る?   違い   違い    違い
```

協働的な学び　価値観を「見える化」し，その考えを交流させる。

■ 本時の授業を中心に見取った評価文の例 ■

　メダルの色の価値について考えたことを，班のなかで互いに学び合いました。自分の部活動への取り組みを振り返って，高校生活や自分の生き方につなげたいと考えていました。

ねらい

　メダルの価値を考えることを通して，人生におけるいろいろな場面で直面する結果を受け止め，よりよく生きていこうとする態度を養う。　　　　　D22［よりよく生きる喜び］

準備

・黒板に掲示する数直線（模造紙で作成）
・金銀銅のカード
・ワークシート（104ページに掲載）生徒数分

授業の実際（3年で実施）

　「前のオリンピックでメダリストの報じ方が話題になりましたので，今日はそのことを教材にします」と説明した。

■金メダル，銀メダル，銅メダルの価値の度合いを数直線上に表しなさい。また，その理由も考えなさい。

　■メダルの価値を数値化することで，自分の認識を自覚させる発問である。

　次の3種類の意見が出たので，それぞれにA，B，Cと記号を割り振って板書した。
　主な理由は次の通りだった。
A〔金5　銀3　銅1〕…13人
　・メダルの色の順
B〔金5　銀4　銅3〕…16人
　・メダルの色の順で，差は小さい。
C〔金5　銀5　銅5〕…4人
　・メダルをもらえた人は全て素晴らしいから。

　生徒は理由を聞き合って，お互いに「なるほど」と感心し合っていた。
　「テレビの番組で解説者やコメンテーター，キャスターの方がメダリストのことについて触れますね。メダルを取ろうが取れまいが，一生懸命頑張る選手を悪く言う人はいません

ね。しかし，一方で『金メダル何個』と国が目標を立てるように，金メダルやその数を大切に考える人もいますね。『1番の価値は格別』と言う人もいます。みんな，このコメントに納得しますか」とたずねると，不服そうな表情の子も多くいた。「それではこのコメントを分析してみようね」と言って次の問いをした。

■このコメントを先の数直線で表すとどうなるでしょう。
　■コメンテーターの考えを分析させる発問である。

　生徒に自由に発言させながら，黒板の数直線上を動かしていった。「金が1番と言っているから5」「銀と銅はよく頑張ったと言っているが，金とは差を付ける」「順位を重視しているから，銀と銅も差が付くのかな」「いや，あまり銀と銅の区別をしていないような考えじゃないかな」等の声を聞きながらカードを動かした。
　生徒の大方の同意で考えを表した位置が次のようになった。

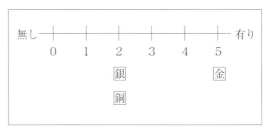

　以上をまとめて，D〔金5　銀2　銅2〕として板書した。

■先の考えとどんなところが似ていましたか。どんなところが似ていませんでしたか。
　■コメンテーターの考えを深く考えさせるために自分の考えと比較させる発問である。

　AとBを選んだ生徒からは「似ている」「Dの方が金と銀の差が大きいと思った」「Dの方は銀と銅が同じ評価にしたところが違う」という意見が出た。
　Cを選んだ生徒からは「差をつけたところ

が私たちとまったく違う」「銀と銅を同じようにしたところは私たちに似ている」という意見が出た。

「そうですね。3つのメダルの差について捉え方が違いますね。ではメダルとメダルの違いについても考えましょう」と言って次の問いをした。

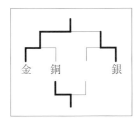

以下の問いは難しいので，4人班で考えさせた後，挙手した生徒に発表させていく。なお，敗者復活戦などは考えず，左図のイメージで金，銀，銅が決まることを確認し，考えさせた。

金　銅　　　銀

❹金メダルと銀メダルの違いは何でしょう。それは大きいものですか。

　■メダルの意味と価値を考えさせる発問である。

・最後の試合である決勝戦で勝ったか負けたかの違い。最後に勝てたのかどうかの差は大きい。

・最後まで勝ち続けたか，最後の最後で初めて負けたかの違い。勝ち続けたかどうかの差は大きい。

・満足するか，「次は絶対優勝する」という気持ちになるかの違い。受けた人のこれからの生き方を考えると，銀メダルの方が大きな価値がある。

❺銀メダルと銅メダルの違いは何でしょう。それは大きいものですか。

　■メダルの意味と価値を考えさせる発問である。

・ベスト4から，最初に負けるか勝つかの違い。差はあると思う。

・銀の方があと一歩で金になれたので，価値は高い。

・同じ1勝1敗でも，勝ち負けの順ならば銀で負け勝ちの順なら銅。そう考えると価値はあまり変わらないかもしれない。

・ベスト4から，最後の試合で負けるのが銀で，最後の試合で勝つのが銅。そうい

う意味では銅の価値は高い。

❻金メダルと銅メダルの違いは何でしょう。それは大きいものですか。

　■メダルの意味と価値を考えさせる発問である。

・最後の試合は勝つ点が同じだから両方とも大きな価値がある。

・聞いたことがあるのだが，漢字を見ると，銅は，「金と同じ」と書く。

・1位と3位ということを考えると大きな差があると思う。

・メダルをもらったという点では同じ。もらえなかった場合と比べると，大きな差があり，金と銅の差は小さい。

「それでは以上のことを踏まえて，もう一度最初の問いを考えてみましょう」と言ってワークシートの数直線に書かせる発問をした。

❼ 激 対 金メダル，銀メダル，銅メダルの価値の度合いを数直線上に表しなさい。また，その理由も考えなさい。

　■努力や取り組みの結果をどう捉えるかの学びにより，価値観が変わったことを自覚させる発問である。

　3分考えさせたところで，最初の問いから変わったかを聞くと，ほとんどの生徒が変わっていた。

　そこで，「最初はこうだったがこうなった。それはこういう理由だから」というパターンで数人に説明させるワークをした。それぞれの捉え方を，最後に2人の生徒が全員の前で発表して，授業を終えた。

①〔金5 銀3 銅1〕➡〔金5 銀5 銅5〕

・銅メダルの精神力，勝って終わるのが金と同じところで価値が上がった。

②〔金5 銀5 銅5〕➡〔金5 銀4 銅4〕

・改めて金の意味を考えさせられた。金銀銅の順だがこの3つには差がないのでこのような順位にした。

最後に感想を書かせて終わった。

■ ワークシート

1 金メダル，銀メダル，銅メダルの価値の
　度合いを数直線上に表しなさい。また，
　その理由も考えなさい。

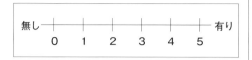

　理由（　　　　　　　　　　　　　　　　　　　　　　　　　　　　　　　）

2 このコメントを先の数直線で表すとどう
　なるでしょう。

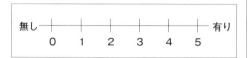

3 自分の考えと（似ていました　似ていませんでした）

4・5・6　メダルの違いは何でしょう。それは大きいものですか。

7 金メダル，銀メダル，銅メダルの価値の
　度合いを数直線上に表しなさい。また，
　その理由も考えなさい。

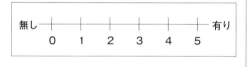

　理由（　　　　　　　　　　　　　　　　　　　　　　　　　　　　　　　）

■ 生徒の感想

・今まで漠然と考えていたメダル。銀メダルで喜ぶ人もいるし悲しむ人もいた。今日
　の授業を終えて，その人へ少し声をかけることができるようになった気がした。
・がんばっても結果が出ない人や逆の人もいると思います。でも，一生懸命やってい
　る人はその結果を受け止められるんじゃないかなと思うようになりました。九州大
　会へ行けなかった野球部の皆さんに勇気を与える授業だと思いました。

（熊本県　桃﨑剛寿）

<table>
<tr><td>1年</td></tr>
<tr><td>2年</td></tr>
<tr><td>3年</td></tr>
</table>

日本人が大切にしてきた訓とは

24. 老舗の社訓に学ぶ

感　動	★★☆
驚　き	★★☆
新たな知恵	★★★
振り返り	★☆☆

CD-ROM
3-24
授業用
パワーポイント

　わが国は「老舗大国」です。その事実だけでも，生徒に伝える価値があります。さらに老舗に伝わる社訓「老舗の訓」を知ると，千年続く強さの源泉は，日常的な当たり前の人間の行為に存することがわかります。日本の伝統文化を知るとともに，感謝することや正直であること，貢献することへの意欲を高めることができると考え，この授業を創りました。

 「業歴800年以上の主な老舗」
「老舗の訓　カキクケコ」

■ 教材の概要 ■

　わが国には老舗が多い。数だけでなく古さも際立っている。それはわが国の特有の現象であり，日本の文化・伝統の一面を物語る。簡単に言ってしまえば「継続を尊ぶ」文化ということになろうか。それをわかりやすくランキングで示しているのが「業歴800年以上の主な老舗」である。そして，継続のために人として大切なことは何かを示しているのが「老舗の訓　カキクケコ」である。

■ 授業構成 ■

| 協働的な学び | 感謝・正直・貢献などがなぜ大切なのか，意見交流をする。 |

■ 本時の授業を中心に見取った評価文の例 ■

　教材からさらに深く学ぶ様子が見られるようになりました。特に日本の老舗から学ぶ授業では，人間として地球人として，立派な人が本物の強さであると発表し，友達に大きな示唆も与えていました。

協働的な学びの度合い ●●●　●　●　　授業準備度 ●●●●●

ねらい

　日本の老舗を知り，その社訓を通して，わが国が大切にしてきた感謝・正直などの実践意欲を育てる。

C17［我が国の伝統と文化の尊重，国を愛する態度］

準備

・プレゼンテーションソフト
・教材1・教材2（108ページに掲載）　生徒数分

授業の実際（3年で実施）

　黙って「老舗」と板書し，なんと読むかたずねた。授業に集中させる効果がある。「ろう……」とつぶやく声がした。「音読みで『ろうほ』，訓読みで『しにせ』と読みます」と説明し，最初の問いをした。

■「老舗」とは何ですか。

■生徒の情報を集めて意味に迫るための発問である。

　「店」という声。「ただの店ではありません」と言うと，「昔からある」という声。そこで

老舗（しにせ）➡昔からある店・工場・会社など

と板書した。

■お店や工場や会社は，長い間続けているとつぶれそうになるときがありますが，どのようなときですか。

■さまざまな意見を出させる拡散的発問である。

　多様な意見を出すのに慣れていない学級だったので，「全員起立します。つぶれるのはどんなときか，一つ思い浮かんだら座ります。全員が座ったらもう一度起立します。ではどういうときか言ってくれる人から手を挙げてください。自分の考えが出てしまったら座ってください」という指示を出した。次の

ような意見が発表された。

・「金欠」。　　　　・店に人が来なくなった。
・継ぐ人がいない。　・隕石が落ちた。
・地震にあった。　　・赤字になった。

　これらを板書してから「そうですね。皆さんが発表してくれたようなさまざまな困難をすべて乗り越えて，続いている店・工場・会社などを『老舗』というのですね。200年以上続いている『老舗』はいくつくらいあるのか予想してもらいます。いろいろな調査結果がありますが，この授業では2008年5月14日の韓国銀行の報告によって説明していきます。これを見てください」と言ってプレゼンテーションソフトで以下を示した。「200年以上続く老舗の数です」と補足した。

中国…9　インド…3　韓国…0

■日本には200年以上の老舗がいくつくらいあるでしょうか。

■驚きをもって日本の老舗数を知るための発問である。

　20，30，70，100，120の予想が出た。板書し，「正解に近い数字は，どれでしょうか」とたずね，挙手させたら，100が最も多かった。「正解は……」と言いながら次の数を示した。

| フランス…196 | オランダ…222 |
| ドイツ…837 | 日本…3146 |

　日本の「3146」を見ると生徒は驚いた。「この調査で，200年以上の老舗の数は世界中で5576でした。つまり半数以上が日本にあるのです」と説明した。続けて，「南北アメリカ・アジア・アフリカ・オセアニアの各州には，欧米諸国の植民地から独立して間もない国が多いです。現代の超大国アメリカ合衆国も1776年にイギリスから独立しました。国の歴史が浅ければ，古い老舗も存在しないのです。

　一方，中国や朝鮮は古くからの文明地帯です。しかし，儒教の伝統から，起業して成功すると官吏登用試験（科挙）を受けて官僚になってしまうので，老舗が成立しにくかったようです。老舗が多いのはヨーロッパと日本

です。特に日本に老舗が多いのは，日本特有の現象です」と世界と比べ日本の特異性を知らせる説明した。

そういう事実を事実として生徒に伝えていくのは，自分の国を理解する上で必要なことである。ただし，それぞれの国の歴史的背景があるので，老舗の数が国の優劣を示すわけではない点は生徒に補足説明した。

「日本は老舗大国といえますね。その数だけでなく，老舗の歴史の長さにも注目してください。業歴800年以上のベスト5と思われる老舗を示します」と言って，古さでも日本の特異性を知らせる説明をするため，以下，5位から順に紹介していった。一つの老舗につき，それぞれのウェブサイトにある写真，名前や創業年等の情報，沿革の順に，3枚のページからなるスライドにまとめて，見せた。

たとえば，ギネスブックにも認定されている1位の「金剛組」のスライドは

> スライド①　写真
> 　　四天王寺　現在の工場
> スライド②　概略
> 　・企業名：金剛組
> 　・国名：日本（大阪市天王寺区）
> 　・創業：578年（敏達天皇6年）
> 　・業歴：今から1440年前(2018年現在)
> 　・業種：宮大工
> スライド③　沿革
> 　　聖徳太子に百済から招かれた宮大工が四天王寺を建立して以来，寺院建築に携わる。

というようにまとめて見せた。

ベスト5を紹介していくと驚きの声があがる。特に最古の老舗「金剛組」を知ると驚く。スライドを見せ終えてから，教材1「業歴800年以上の主な老舗」を配付した。生徒は驚いた様子であった。

「さまざまな危機を乗り越えて千年以上も続いてきた日本の老舗。そこには危機を乗り越える本物の強さがありました。実は強さを保つために先祖代々老舗に受け継がれる言い伝えがあります。子孫に『こうせよ』と言い

残したのです」と説明した。

4 その言い伝えとは何でしょうか。
■ 強さ保つ秘けつを想像させる拡散的発問である。

「どんな言い伝えか想像して書きましょう。時間は2分間です」と指示をして，教材1の裏側に一人一人書かせた。発表させて教師は意見を板書していった。

・一人一人のつくっている物への思いをもて。
・伝統を守ろうとする思いを持ち続けよ。
・我慢・何があっても前向きに。
・お客様を大切に。
・おもてなし。
・自分の店を続けていきたいという意志の強さをもて。
・つぶれそうになっても決してあきらめるな。
・仕事ができることに感謝せよ。

「皆さんが発表してくれたものもみんな大切です。では，老舗に代々伝わる『訓（おしえ）』を紹介しましょう」と言って，生徒の予想と実際の社訓を比較させるため，教材2「『老舗の訓』カキクケコ」を配り，教師が読んだ。そして次の問いをした。

5 ㊙「感謝」「正直」「世のため人のため」といったことが，なぜ，千年以上も続く本物の強さに結びつくのでしょうか。
■ 徳目の意義を考えさせる主要発問である。

教材2の裏側に書かせ，少し交流させた。
・地域の人が協力してくれるから。
・人と正直に真正面から向き合うから感謝が生まれ，世のため，人のためになり，本物の強さになるから。
・周りの人を大切にしているから。
・人がどうあるべきかが大切だから。

多くの生徒に発表させたかったが，時間がなくて4名しか指名できなかった。

教材2の裏面に，①今日学んだこと，②今日の授業の感想を書かせて授業を終えた。残り3分間だったが，生徒は集中して書いていた。

教材1　業歴800年以上の主な老舗

『百年続く企業の条件　老舗は変化を恐れない』
帝国データバンク p.53をもとに授業者がまとめた

企業名	所在	創業	業歴	職種
金剛組	大阪市天王寺区	創業578年(敏達天皇6年)	業歴1440年	社寺建築
西山温泉慶雲閣	山梨県早川町	創業705年(慶雲2年)	業歴1313年	温泉旅館
古まん	兵庫県豊岡市	創業717年(養老元年)	業歴1301年	温泉旅館
善吾楼	石川県小松市	創業718年(養老2年)	業歴1300年	温泉旅館
源田紙業	京都市上京区	創業771年(宝亀2年)	業歴1247年	紙製品製造販売

(※業歴は2018年現在)

教材2　「老舗の訓」カキクケコ

『百年続く企業の条件　老舗は変化を恐れない』
帝国データバンク p.44～48をもとに授業者がまとめた

おしえ・その1　「感謝」：他の人に感謝の気持ちをもち，心を込めて仕事する

・「売り手よし，買い手よし，世間よし」（近江商人）
・「仕入業者に喜ばれ，社員も喜び，そしてお客様にも喜んでもらえば，企業は存続する」（みそ製造）

おしえ・その2　「勤勉」：正直で地道に努力する

・「美味しいものを作れば，もうけはあとからついてくる」（生菓子製造）
・「心からの笑顔とおもてなし（他人に優しく自分に厳しく）」（旅館・ホテル）
・「地域から支持される誠意ある取引（ウソをつかない）」（旅館・ホテル）

おしえ・その3　「工夫」：先人の教えから学びつつ工夫を重ねる

・「老舗は常に新しい」（鮮魚小売）
・「玉磨かざれば光なし」（時計・眼鏡小売）
・「伝統は革新の積み重ね」（酒小売）

おしえ・その4　「倹約」：無理やムダをせず，欲張らずにコツコツと働く

・「出るをおさえて入るをはかる」（呉服・服地小売）
・「利はむさぼるべからず与えるべし」（清酒製造）

おしえ・その5　「貢献」：世のため人のためになることをする

・「地域に必要とされる企業であれ」（清酒製造）
・「我社の経営目的は『社会的存在価値を高めること』である」（清酒製造）

（群馬県　羽鳥　悟）

第4章

人間関係を豊かにする
～優しさに真正面から
　　　　　対峙する～

スクール・カーストという言葉があるように，多くの中学生にとっての最大の悩みは「人間関係をどう望ましく築くか」であろう。これを誤ってしまうと登校しぶりが出たり，逆に他の人の気持ちを苦しいものに追い込んでしまったりする。他の人にどういう態度で接していけばよいのか良いモデルを示していくことが必要だ。それができる人は信頼され大切にされるであろう。様々な場においてその対象となる人への心配りについて学ぶ授業をこの章でそろえた。

第4章

人間関係を豊かにする
～優しさに真正面から対峙する～

25. 「手紙」の授業 [C14 家族愛，家庭生活の充実]

　3年間，娘を車で学校まで送った父の新聞投書と，それに対して娘が父へ感謝の気持ちを伝える投書を教材とし，親に対する自分の言動を振り返り感謝の気持ちを再確認する授業である。

26. 優しさを捨てるか捨てないか [B6 思いやり，感謝]（関連：C14）

　人に優しくしなさいと教えられてきましたがそれで損をしてしまうことがある。それでも優しさを捨てない生き方へと導く詩「手から，手へ」を教材化した授業である。

27. おかげさま [B6 思いやり，感謝]

　「おかげさま」という言葉は日本人の伝統文化に根ざし，自分を支える全てのものに感謝する謙虚な気持ちを表している。その意味と素晴らしさを生徒に伝える必要性から創られた授業である。

28. 敬老の意味を考える [C17 我が国の伝統と文化の尊重，国を愛する態度]

　高齢者に対して「してあげよう」という視点から語られがちだが，高齢者からたくさんの示唆を与えていただいていることに気付かせ，高齢者を敬う心情を育てる授業である。

29. 「ありがとう」って言っていますか？ [B7 礼儀]

　商品をお金を出して手に入れられることは，生産者や物流，小売業などで働いている人々のおかげ。そう捉えることができる人生を歩んでほしい。世の中とのつながりに感謝する心を育てる授業である。

30. 交わらないライバル [B8 友情，信頼]

　友人関係に時間的空間的な濃密さを求めすぎて孤独感を感じている生徒に捧げたい。距離を置いても，相手を尊敬し切磋琢磨できる人間関係があることに気づく授業である。

1年		愛されている事にちゃんと気づいていますか	感　動	★★★
2年			驚　き	★★★
		# 25.「手紙」の授業	新たな知恵	★☆☆
3年			振り返り	★★☆

CD-ROM
4-25
授業用
パワーポイント

中学生ともなれば，親の言うことを聞きたくなかったり，反発したりするようになります。その一方，登下校や部活動では親の世話になることも多くなるでしょう。普段，そのように親の世話になっていることに気づいてはいても，面と向かって感謝するのは照れくさく，ついぶっきらぼうな態度をとってしまいがちです。この授業は，卒業という節目を前に，これまでの親に対する自分の言動を振り返り，改めて感謝の気持ちをもたせる授業です。

- メイコミュ情報局「MEIKO親子のホンネを徹底比較！親子のギャップRanking☆」明光義塾のコミュニティサイト
- 「3年間続いた娘との車通勤」2019年3月1日　長崎新聞
  「快適な通学　父よありがとう」2019年3月8日　長崎新聞
- CD「手紙」back number／Universal Music

■ 教材の概要 ■

　高校の卒業式の日，新聞にある父親の投書が掲載された。3年間，娘を車で学校まで送っていたが，それも終わった。寂しいが，娘がよく聞いていた曲を聴きながら通勤しようという投書だ。1週間後，今度はその娘から，父親へ感謝の気持ちを伝える投書が掲載。新聞の投書欄を舞台にした，父と娘の交流に心温まる教材である。

■ 授業構成 ■

0　　3	8	13	16	21	26	31	34	39	50(分)
アンケート	●発問● 何のアンケート？	●発問● どうして話したがらない？	教材① 	●発問● 問題ある？ない？	●発問● お父さんの気持ちは？	●発問● 娘さんの感謝の伝え方は？	教材②	「手紙」 back number	●発問● あなたならどうするか？

協働的な学び　グループで，お互いの言動の正当性を話し合う活動を行う。

■ 本時の授業を中心に見取った評価文の例 ■

　今まで親にどんな対応をしていたのか振り返ることができていました。言いにくかったり恥ずかしかったりするけれど，感謝の気持ちを伝えようとワークシートに書いていました。

協働的な学びの度合い ●●○○○○　　授業準備度 ●●●●○○

ねらい

卒業の節目に，これまでの親への言動を振り返り，あらためて親へ感謝の気持ちを示そうとする心情を高める。

C14［家族愛，家庭生活の充実］

準備

・明光義塾のコミュニティサイト　メイコミュ「MEIKO親子のホンネを徹底比較！親子のギャップRanking☆」
・教材1・教材2（114ページに掲載）生徒数分
・CD「手紙」back number

授業の実際（3年で実施）

何のアンケートなのかを知らせずに，塾のアンケート結果を提示する。

	親の回答	中学生の回答
全然足りない	9.7%	4.3%
少し足りない	47.2%	10.0%
ちょうど良い	33.3%	60.0%
やや多い	9.7%	18.6%
多すぎる	0.0%	7.1%

明光義塾と保護者をつなぐ情報マガジン「CRECER」2011夏号より

まず「親の回答」を提示して考えさせた後に，「中学生の回答」を提示した。親と中学生の「全然足りない」「少し足りない」と「やや多い」「多すぎる」の割合が大きく違うことを確認させた。

❶これは何のアンケートだと思いますか。

■教材への興味を高める発問である。
・勉強時間　・宿題・夏休みの課題の量
・学校の荷物の量　・朝食・給食の量

「『親子の会話』についてのアンケート結果です」と伝えると「なるほど」「やっぱり」という声が聞かれた。生徒たち自身も，親とはあまり話したがらない様子であった。

❷どうして，中学生は親と話したがらないのでしょうか。

■自分と親との関係を振り返らせる発問である。
・面倒くさい，うざい。
・話すことがない。
・余計なことを言われる。

生徒から意見が出た後で，「アンケートでは，このような回答がありました」といって提示した。

> **中学生の言い分**
> ・「お母さんのときはね……」という話がしつこい。
> ・勉強しろ，とだけ言われる。
> ・最後まで話を聞かずに文句を言ってくる。
> ・細かいことをいちいち聞かれるのはいや。
> ・一つ一つ「やった？」と聞かれると面倒。

それぞれの回答に，共感する生徒たちはうんうんとうなずいていた。

そこで，「この親子の場合はどうでしょうか」と言って，教材1を配付し，読み上げた。3年間，通勤途中に娘を学校まで車で送っていた父親の投書である。

投書のなかで，父親が書いていた娘の行動のなかから，次の3つを取り上げて「自分たちと似ているところや同じようなところがないですか？」と投げかけた。

> ・途中まで乗せてほしいと命令する。
> ・車の中で話もしない。
> ・寝ているくせに自分の好きな曲を流している。

ほとんどの生徒が，この「娘」と同じような行動をしていることがわかった。

❸ これらは「問題あり」でしょうか，「問題ない」ことでしょうか。

■自分の言動に問題意識をもたせる発問
である。

グループでお互いの考えを話し合わせた
後，どちらかの立場を選ばせ，その理由を書
かせた。

問題がある…15人
・自分勝手すぎる。
・運転しているお父さんに失礼。
・親に命令するのはおかしい。

問題ない…8人
・親子だから気を使う必要はない。
・話しかけられていないなら，話さなくて
よい。
・親子で一緒に過ごせるだけで，親は幸せ
だと思うから。

**4 娘さんが卒業して，送らなくてよく
なったお父さんは，どんな気持ちで
しょうか。**
■父親の気持ちを想像させる発問である。
・悲しいようなうれしいような気持ち。
・もっと話しておけばよかった。
・いつも隣にいた人がいなくなったから寂
しい。

ここで，「お父さんはそのような気持ちだっ
たのでしょうね。ところで，3年間送っても
らっていた娘さんは，どうだったのかな？」と問
いかけると「うれしかった」「ありがとうと思っ
ていた」などの声が聞かれた。「じゃあ，娘さ
んはお父さんに感謝していたのかな？」と問う
と，「感謝はしていたはず」という答えだった。

**5 娘さんは，3年間乗せてくれたお父
さんに，どんな「感謝の伝え方」を
したと思いますか。**
■「娘」の行動を考えることで，どんな
感謝の伝え方があるのかを考えさせる発
問である。
・親子の会話を増やした。
・手紙やメールで伝えた。
・大学に合格した。
・卒業文集に感謝の意味を込めた作文を書
いた。

ここで，教材2の父親の投書の1週間後に
新聞に掲載された1通の投書を配付し，読み
上げた。「実は，さっきの投書を書いたお父
さんの，娘さんからの投書です」と言うと，
生徒一同驚いていた。

読み上げた後，投書に書かれている，back
numberの曲「手紙」の歌詞の1フレーズを
提示する。

> 愛されている事に
> ちゃんと気付いている事
> いつか歌にしよう
>
> ちゃんと返したい事
> いつか歌にしよう
> back number「手紙」より

back numberはほとんどの生徒が知ってい
たが，この歌詞の「手紙」という曲を知って
いたのは5名だった。実際にこの曲を流し，
歌詞（作詞：清水依与吏）のすべてを提示した。
曲を聴き終わった後に，次のように問いか
けた。

**6 卒業の節目に，あなたならどん
な感謝の伝え方をしようと思います
か。**
■自分ならどうするかを考えさせる発問
である。
・メッセージ（手紙）で感謝を伝える。
・プレゼントを贈る。
・レベルが高い学校へ行く。
・感謝が伝わる歌を集めてCDをつくり，
車で聞かせる。

数人に発表させた後，
「今の感謝の気持ちは，今しか表せません。
卒業まであと○日。あなたたちの気持ちが，
きちんと保護者に伝わるといいですね」
と言って，授業を終えた。

教材 教材1 「3年間続いた娘との車通勤」 長崎新聞 2019年3月1日
会社員 山本論（43）（西彼時津町）

　朝の車での通勤は渋滞との闘いである。月曜日や雨の日はいつも以上に“強敵”であり，気持ちとは裏腹に時間だけが過ぎていく。

　勤務歴も20年を越え，渋滞との闘いもラジオとともに慣れ親しんでいたころ，思いがけない変化があった。それは3年前の春，娘が助手席に乗ってきたのだ。高校進学を機に，途中まで乗せてほしいという命令に従うしかなかった。

　会話も少なくなったころで，何を話せばいいやらと考えていたのは無駄であった。娘は車に乗るなりスマートフォンを見る，参考書を見る，そして寝る。毎日がこれの繰り返し。しかも寝ているくせにラジオではなく，娘が好きなロックバンド「バックナンバー」の曲を勝手に流している。

　私は娘の運転手ではないと思いながらも，いい父親として安全第一で送っている。会話のない車内に流れる今どきの音楽，そして寝顔。この通勤にも慣れていたが，いよいよ終わるときが来た。3月で卒業である。

　あっという間の3年間。また一人で通勤する日々が始まる。桜舞い散る春の風と渋滞とラジオ。心なしか寂しく感じるが，たまには一人でバックナンバーを聞きながら通勤してみるか。

教材2 「快適な通学 父よありがとう」 長崎新聞 2019年3月8日
高校生 山本真衣（18）（西彼時津町）

　これまでの3年間，朝の登校で少し“優越感”があった。絶対に席に座れるし，好きなロックバンド「バックナンバー」の音楽も聞け，参考書もゆっくり見ることができるし，何より寝ることができたからだ。

　高校の卒業式があった3月1日，本欄に「3年間続いた娘との車通勤」の題で掲載された父の投稿。そう，私は父の通勤の車に途中まで乗せてもらっていた。高校に入学して一番の衝撃は朝のラッシュ時のバスの混み具合だった。“戦”に疲れた私はあることに気付いた。「そうだ，お父さんがいるではないか」。それからの私は，いつも朝，「早くしろ」と通学の準備をせかされて，父の車の助手席に座ってきた。

　最後の登校の時に感謝の気持ちを伝えようかとも思ったが，父は泣き虫なのできっと朝から目を真っ赤にして会社の同僚から心配されると思い，このような投稿の返信で感謝の気持ちを伝えようと思う。「お父さん，3年間ありがとう。今度一緒に乗るときは私が車の免許を取ってから助手席に乗ってね」

　バックナンバーの「手紙」という曲に次のような歌詞がある。「♪…愛されている事　ちゃんと気づいている事　いつか歌にしよう　ちゃんと返したい事　いつか歌にしよう」。

　卒業という節目に，学校を巣立つ皆さんも家族に感謝の気持ちを伝えてみてはどうだろうか。

※なお，本実践は，授業づくりを私が行い，前田一樹氏が佐世保市立鹿町中学校で授業された記録を元に作成した。

（長崎県　辻川和彦）

<table>
<tr><td>1年</td><td rowspan="3">優しさを背負って生きていきたい

26. 優しさを捨てるか捨てないか</td><td>感　動　★★★</td></tr>
</table>

1年	優しさを背負って生きていきたい	感　動　★★★
2年	**26. 優しさを捨てるか捨てないか**	驚　き　★★☆
3年		新たな知恵　★☆☆ 振り返り　★★☆

CD-ROM
4-26
授業用
パワーポイント

　誰もが「他に優しくあれ」と言われている中学生。一方で，良い人過ぎるとからかわれたりすることもあります。優しさなんて手放したい……そんな思いがちらつく生徒に贈りたい。そう願って創った授業です。

 『**手から、手へ**』
池井昌樹：詩　植田正治：写真　山本純司：企画と構成　集英社

■ 教材の概要 ■

　すてきな詩と写真で，家族のものがたりがつづられている。「優しさ」と「不幸」など言葉の意外な組み合わせに不意を突かれるが，じっくり考えるとそれを伝えようとした親の思いに気づくことができる。NHKの番組「プロフェッショナル仕事の流儀」で紹介された，「一万円選書」（予算一万円で客に合った本を選ぶ）で有名な北海道・いわた書店の店主さんに選ばれている書籍である。

■ 授業構成 ■

0　　　3　　　6　　　9　　　13		34　　　38	48　50(分)
●説明●●発問●●発問● 「優」の　優しくする　不幸になる 字につ　よう言われ　と言われた いて　たことは?　ことは?	教材①　　●発問● なぜ優しいと不幸?	●発問● 手放そう と思うか?	教材②　●感想●

> | 協働的な学び | 付箋紙や小ホワイトボードを用いた班活動による対話的な学びを行う。 |

■ 本時の授業を中心に見取った評価文の例 ■

　班活動で周りの意見と自分の意見を比較しながら，優しさの難しさについての理解を深め，自分の性格も先祖から受け継いできたものであることに感銘し，自分を大切にしたい心情を高めていました。

協働的な学びの度合い ●●●●●　　授業準備度 ●●●●●

ねらい

優しさなど自分の性格は，親や祖先から引き継がれてきたものであり，大切にしていこうとする心情を高める。

B 6［思いやり，感謝］（関連：C 14）

準備

・DVD「プロフェッショナル仕事の流儀　書店店主　岩田徹の仕事 ～運命の 1 冊，あなたのもとへ～」NHKエンタープライズ
・教材『手から，手へ』（118ページに一部掲載）
・武田鉄矢さんの写真

授業の実際（3年で実施）

武田鉄矢さんの写真を見せると，たくさんの生徒が知っているという反応であった。

「武田さんは海援隊というフォークバンドで活動しているときやテレビドラマのなかで，優秀の『優』の字について触れています」と言って，黒板に「優」という漢字を大きく書いた。

「優秀の『優』の字。にんべん『人』の横に『憂い』が立ってます。人は悲しみを経験するほど人に優しくできるのです。そして，そういう人を優れていると言います」と話した。武田鉄矢さんのものまねができる人はものまねをしてもいいと思う。最初の問いをした。

1 あなたは今までに「人に優しくしよう」と言われたことがありますか。
■人に優しくしようというのは当たり前のことであることを確認する発問である。

生徒はけげんそうな顔をして，問いを聞き違えたのではないかというような表情でほとんどの生徒が手を挙げた。「誰からですか」という確認する質問が出たので，「誰でもよいですよ。先生でも，友達でも」と答えた。すると全員が手を挙げた。

「『人に優しくしなさい』と一度も言われていない人はいませんよね」と確認をした。そ

して，次の問いをした。

2 あなたは今まで「優しいと不幸になるよ」と言われたことがありますか。
■教材のなかの言葉との出合いの印象を高める発問である。

「それはないでしょう」と少し笑いが起きるなか，2人の生徒が少し手を挙げていた。

「実は，優しいと不幸になると言っている詩があります」と言って，次の言葉を黒板に大きく提示した。

やさしいちちと
やさしいははとのあいだにうまれた
おまえたちは
やさしい子だから
おまえたちは
不幸（ふこう）な生（せい）をあゆむのだろう

前掲書『手から，手へ』池井昌樹：詩　集英社より

まず範読し，追いかけ読みを生徒にさせた。

「ちちとははは，そして何人かの子が出てきましたね。親子だから優しさが受け継がれていくと言っているのでしょうか」と言って，次を板書した。

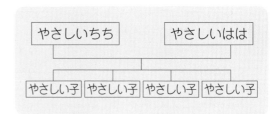

疑問に思うところはないかたずねると，なぜ不幸になるのだろうという声が上がったので，その言葉を生かして次の問いをした。

3 　なぜ，「やさしい子だから」「不幸な生をあゆむのだろう」と言っているのでしょうか。
■優しさは人生を豊かにするのに万能ではなく，苦しい思いをもすることになってしまうことに触れさせる発問である。

まず個人で2分考えさせた。なかなか書けないので，先ほど「優しいと不幸になると言わ

れたことがある」に挙手した２人のうちの１人を指名すると、「優しいばかりだとなめてかかってくる」と答えた。これをヒントに、少し書き始める生徒が出てきた。ここに２分かけた。

そして、発散的に考えを出すため６人班を６つつくった。考えたことを付箋紙にそれぞれ書かせてＡ３用紙に貼らせ、同じ種類のものを重ねさせた。それを小ホワイトボードにまとめさせ、黒板に掲示させた。この活動に10分かけた。

その意見を教師でまとめると次のようになった。

①優しいばかりだと、つけ込まれる。
②強さが必要。
③好きなように使われてしまう。
④利益があっても、だまされて取られてしまう。
⑤ほかの人のことを優先してしまう。
⑥正しいことをしていこうという思いが強くて、ぶつかってしまう。
⑦手を抜かないでがんばってしまい、自分のことをいたわらない。
⑧人を責めることはないが、人から責められる。
⑨困ったふりをして近づかれて、だまされる。

これらの意見をもう一度考え直させるため、どの考えにいちばん賛成するか、挙手させた。この問いで生徒は一つずつ考えることになる。挙手させた結果は①と⑤が多かった。

「『優しさ』という言葉もよく考えないといけないのかもしれません」と言って、次の問いをした。

４ 🈝 **あなたにも「優しさを手放してみようかな」という気持ちはありませんか。**
■優しさはときには苦しみも伴うことを知った上で、それでも優しさを捨てないという詩のフレーズに、印象的に出合わせる発問である。

「とてもある」「割とある」「あまりない」「まったくない」の４択で答えさせると、「割とある」と「あまりない」のほぼ半々に分かれた。まず、隣同士でなぜそれを選んだかを話し合わせた。話し合いが進んでいた様子を見て、考えることが十分できたと思い、「優しさを手放してみようと、とても強く思っている人はいませんね」と確認をした。

「先ほど一部を読んでもらった詩は『手から、手へ』という詩です。そのなかで、優しさを手放すことについても触れています」と言って、詩『手から、手へ』をすべて範読した。

１回読んだだけで意味がわかるような詩ではない。そこで「作者の考えている意図はもっと深いところにあるのかもしれませんが、あくまで私の解釈です」とあらかじめ伝えた上で、次の解説や解釈をポイントとして説明した。

・優しさが子どもにも受け継がれるであろう、そして苦労するということ。
・親も一生一緒にはいられない。
・先祖から受け継いできた優しさを手放してはならない。
・苦しいときは「こころゆくまでえがおでいさせた　ひかりのほうをむいていよ」とあり、命の連続性に触れている。

先の図に、下のように次の言葉を書き加えながら説明した。

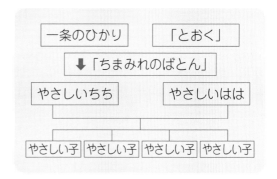

「この詩と出会ったのは、テレビ番組です。書店の店主さんの選書の１冊がこの本でした。その紹介の部分を視聴します」と説明して、DVD「プロフェッショナル　仕事の流儀　書店店主　岩田徹の仕事　〜運命の1冊、あなたのもとへ〜」の『手から、手へ』を扱った部分を視聴させた。

そしてもう一度、ゆっくりと教材を範読した。２分だけ、授業の感想を書かせて授業を終えた。

教材 『**手から，手へ**』池井昌樹：詩　植田政治：写真　山本純司：企画と構成　集英社より

やさしいちちと
やさしいははとのあいだにうまれた
おまえたちは
やさしい子だから
おまえたちは
不幸（ふこう）な生（せい）をあゆむのだろう　　　　　（後略）

○教材「手から，手へ」についての解説
1　内容紹介

　「どんなにやさしいちちははも　おまえたちとは一緒（いっしょ）に行けない　どこかへ
やがてはかえるのだから」という家族のものがたりの詩が写真とともにつづられ
ている。命の連続性として，「やさしい子らよ」と「ちちはは」はつながってい
ると表現され，安心感がひしひしと感じられる。詩による「ことば」と写真の出
合いで生まれた家族のものがたりである。

2　著者略歴（『手から，手へ』著者紹介より）

　詩人　池井昌樹

　1953年香川県生まれ。77年，第一詩集『理科系の路地まで』を刊行。以来
十六冊の単行詩集のほか，選詩集『現代詩文庫　池井昌樹詩集』がある。詩集『晴
夜』にて藤村記念歴程賞，芸術選奨文部大臣新人賞（97年）を受賞。99年『月
下の一群』で現代詩花椿賞，2007年『童子』で詩歌文学館賞，2009年『眠れる
旅人』で三好達治賞を受賞した。

○DVD『プロフェッショナル 仕事の流儀　書店店主　岩田徹の仕事 ～運命の1冊，あなたのもとへ～』について

　NHKの人気ドキュメンタリー番組「プロフェッショナル 仕事の流儀」。様々な
分野の第一線で活躍する一流のプロの「仕事」に密着取材し，一流の仕事とは何
かを考えさせてくれる。この日は，前後に放映された「クローズアップ現代」の
視聴のためテレビをつけていて偶然視聴することができた。

　内容は北海道の砂川市で本屋を営む岩田徹さん。その「いわた書店」は，
「3000人待ちの本屋」と言われている。というのは，岩田さんが企画し運営して
いる「1万円選書」に全国から注文が殺到しているからだ。「1万円選書」とは，
送料を含めて予算1万円で客に合った本を岩田さんが選ぶ。応募した方の読書歴
や今までの人生をアンケートでもらい，その人の人生に寄り添う1冊を選び抜く
のだという。乃木坂46の高山一実が実際にそのサービスを体験する様子も撮ら
れている。2018年4月23日にNHK総合で放送されDVDが販売されている。そ
の番組の中で紹介された書籍が数冊あったが，その中の1冊が『手から、手へ』
である。
授業者まとめ

（熊本県　桃﨑剛寿）

| 1年 | | | 感 動 | ★★☆ |

あたりまえに感謝する

27. おかげさま

感 動	★★☆
驚 き	★★☆
新たな知恵	★★☆
振り返り	★★☆

1年

2年

3年

CD-ROM
4-27
授業用
パワーポイント

「おかげさま」という言葉を使う人が減っているようです。この言葉の意味と素晴らしさがきちんと伝わっていないからです。この言葉は日本人の伝統文化に根ざし，自分を支えるすべてのものに感謝する謙虚な気持ちを表します。この言葉が使われなくなるということは，その言葉の指し示す概念が消えてなくなるということです。生徒に伝える必要があると痛感し，この授業を創りました。

『優しい日本語 英語にできない「おかげさま」のこころ』
清ルミ：著　太陽出版

■ 教材の概要 ■

　上記教材は「翻訳できない日本語」を集めています。日本語には日本人の道徳が埋め込まれています。外国語に翻訳しようとしてもピッタリする言葉が見つからないことがあります。教材1の「おかげさまで」もその一つです。

　教材2は，三浦梅園の言葉の解説です。「おかげさま」をより深く理解することができます。日頃何気なく使っている言葉の意味にはっとさせられます。

■ 授業構成 ■

```
                                              ● 説明 ●「見えない力」
0   2   4   6              16          26    31 32   35           44   48 50 (分)
●発問●  おかげ   ●発問●        ●発問●       教材1  ●発問●  グループで      教材2  感想
休んだ  さまの   会話1は変か?   会話2は変か?          「見えない   「見えない力」        を書
ことあ  意味                                       力」とは   を出し合う          く
る?                                               何か?

●発問● おかげさまと言うか?
```

┌───┐
│ **協働的な学び**　グループでの意見交流をする。　│
└───┘

■ 本時の授業を中心に見取った評価文の例 ■

　いつも授業で学んだことを自分に照らし合わせて考えます。特に「おかげさま」の授業では，自分を支えてくれる「見えない力」をたくさん見つけだし，ほかの生徒にも大きな示唆を与える姿があり，感心しました。

協働的な学びの度合い ●●●●◦　　授業準備度 ●●◦◦◦

ねらい

　日本語の「おかげさま」には自分を支えてくれる「見えない力」への感謝が込められていることに気づかせ、当たり前のことにも感謝する心情を育てる。　　B6［思いやり、感謝］

準備

・教材1「おかげさまで」（122ページに掲載）　生徒数分
・教材2「あたりまえ」と「おかげさま」（122ページに掲載）　生徒数分

授業の実際（1年で実施）

❶これまで病気で学校を休んだことがある人はいますか。

　■自分の経験を想起させる発問である。

　「1日でも休んだことのある人は手を挙げてください」と指示をした。全員が手を挙げた。「休んだ日の次の日の会話です」と言って、次を板書した。

> **会話1**
> 先生「元気になってよかったね」
> 生徒「おかげさまで元気になりました」

❷「おかげさまで」という言い方をしたことがある人はいますか。

　■自分の経験を想起させる発問である。

　挙手で確認したら何人か手を挙げた。そのなかの1人に「○○君、『おかげさま』ってどんな意味ですか？」と聞くと、「あなたの力で」という答えが返ってきた。

　「『おかげさま』には『あなたの力があったから』という意味が含まれています。相手の行為や気持ちに対して感謝を述べる言葉ですね」と、言葉の意味を確認するための説明をした。

　辞書で調べさせてもよい。旺文社の国語辞典には「御陰様：『御陰』の丁寧語。相手の

行為や世話に対して、感謝の気持ちを述べるあいさつ語」と書いてある。

　「会話1は次のような状況だと考えてください。病気で学校を休んで元気になって登校しました。休んでいる間は自分は家で寝ていて、先生は学校にいました。先生に医者に連れていってもらったわけではない、先生がお見舞いにきてくれたわけでもないという状況です」と言って次の発問をした。

❸その先生から「元気になってよかったね」と言われて、「おかげさまで元気になりました」と答えるのは変ですか。

　■日常的な自分の言葉遣いが適切かどうか、振り返らせる発問である。

　「『変だ』と思う人は×、『変ではない』と思う人は○を書きます。そしてその理由を簡単に書いてください」と指示をして1分間ほど時間をとった。

　挙手で聞くと「×」が多くなった。「○」は1人だった。双方から理由を発表させた。
○の意見…1人
　・応援してくれたから元気になれた。
×の意見…31人
　・医者に連れて行ってもらったわけではないから。
　・先生に何かしてもらったわけではないから。
　・ありがたいことを何もしてもらってないから。

　「では、次の場合はどうでしょう」と、次の場面を板書した。

> **会話2**
> 　久しぶりに会った人「ご家族はお元気ですか？」
> 　小学生「おかげさまで元気です」

　「この人とは5年以上会っていないとします。久しぶりに会った人だから、何か助けてもらったわけでも、何かもらったわけでもない、電話やメールで話をしたわけでもない、という状況です」と言って次の発問をした。

❹ そういう相手に「おかげさまで元気です」と答えるのは変ですか。

■日常的な自分の言葉遣いが適切かどうか，振り返らせる発問である

「『変だ』と思う人は×，『変ではない』と思う人は○を書きます。そしてその理由を簡単に書いてください」と指示をして，また1分間ほど時間をとった。

挙手で聞くとまたしても「×」が多くなった。「○」も少数だがいた。双方から理由を発表させた。

○の意見…2人

・応援してくれたから。

×の意見…30人

・5年も会っていないので，やりとりもしていないから。

ここで教材1を配った。そして教師がゆっくり読んだ。

「日本語では，直接何かをしてもらったことがない相手にも『おかげさま』を使います。だから，会話1や会話2のような場面でも『おかげさま』を使ってもよいのです。

ただし，自分を支えてくれる『見えない力』を感じなくては『おかげさま』という言葉は出てこないようです」と，「おかげさま」の使い方について補足する説明をした。

❺ 自分は誰の，そして何のおかげで生きることができているのか。その「見えない力」は何でしょう。

■全員に一つは考えをもたせるための発問である。

「さあ，皆さんは自分を支えてくれる『見えない力』をどのくらい感じることができるのでしょうか。全員起立します。自分を支えてくれる『見えない力』を一つ思い浮かべさせ，次に進んだ。

「次にグループになって，『見えない力』を出し合いましょう」と指示をした。

『見えない力』はたくさんあることに気づかせたい。教師は各グループを回った。どんな意見が出されているのか確認するとともに，一人一人出した意見を褒めた。何でも言える雰囲気を盛り上げ，多様な考えが出る

ことを促した。3分間ほど時間をとった。

その後，各グループで出された意見を発表してもらった。教師は板書していった。

次のようなものが出された。

> 水，動物，太陽，食べ物，酸素，環境，命，電気，地球，植物，政治，医学，ご先祖様，家族，家，ガス，自動車，大地，学校，友情，体のなかのいろいろな物質，宇宙，海，先生，空，クツ，お金，木，山……

黒板は発表された「見えない力」でいっぱいになった。「見えない力」を生徒の手によって「見える」ようにするのが，この授業の眼目である。たくさんの「見えない力」を発表できたことを，大いに称賛した。

その後，教材2（122ページに掲載）を配った。そして，教師がゆっくりと読み上げた。

「これからも，自分を支えてくれる『見えない力』を感じる人であってください。『おかげさま』という日本語を使える人であってください。まずは，今日帰ったら，家の人に『おかげさまで元気です』と言ってみてください」と，行動化につなげるための説話をした。

最後に，今日の授業感想を書かせて授業を終えた。感想を紹介する。

・これから，当たり前のことに感謝していきたいなと思いました。私は体が動くことも，しゃべれることも当たり前だと思っていましたが，この勉強をして，感謝しなきゃいけないなと思いました。

・初めにした授業では「おかげさま」は会話1・会話2で使わないんじゃないか，と思いました。ですが，最後の文章を読んで，気持ちが変わりました。かげで支えてくれることを感じる心があれば，「おかげさま」という言葉を使ってもいいんじゃないかと思いました。なので，たくさんの人が「おかげさま」の言葉を使っているということは，とてもよいことだと思います。

教材1 「おかげさまで」 清ルミ：著 『優しい日本語』 太陽出版 p.60～62より一部転載

　日本語を学ぶ外国人にとって，すんなり理解しにくい「おかげさまで」は，次のようなものがあります。
①（新たに赴任してきた先生に）「研究室の荷物，かたづきましたか」「ええ，おかげさまで，だいぶ」
②（しばらく入院していた人に）「しばらくです。お元気になりましたね」「ええ，おかげさまで」
　この2つの会話で，「おかげさまで」と返答される側は，研究室への荷入れや整理を手伝ったわけでもなく，病気の回復に何か貢献したわけでもありません。こういう場合，どうして「おかげさまで」と言われるのか釈然としないのです。（中略）
　このように，相手の気遣いや日頃受けている思いやりに対して感謝する日本語の表現には "人間は自分ひとりの力で生きているのではなく，自分にまつわる縁から支援を受けて生きている" という，周囲とのつながりを重視する気持ちがこめられているのではないでしょうか。
　「おかげさま」の「おかげ」は，漢字で書くと「御陰」か「御蔭」です。「陰」は，日の当たる「陽」とは対照的で，日が当らず目立ちません。
　その「陰」に「御」という敬語がついているのは，この表現がもともと "目には見えない神仏から受ける恵みに対する感謝の表現" だったからではないかと思われます。

教材2 「あたりまえ」と「おかげさま」 中村隆市ブログ「風の便り」より
https://www.windfarm.co.jp/blog/blog_kaze/post-2044

　三浦梅園が，こんなことも言っています。「枯れ木に花咲くに驚くより，生木に花咲くに驚け」
　枯れた木に花が咲くと人々は，奇跡が起こったといって驚く。でも，ほんとうに驚くべきことは，生きた木に毎年必ず花が咲くことではないか，と梅園は言ってるのでしょう。
　毎年，春がくると梅が咲き，桜が咲くことは，あたりまえのこと。
　私たちが，朝起きて，目が見え，音が聞こえ，手が動き，足が動くそれもあたりまえ。
　肺が働くから空気を吸える。胃や腸が働くから食べ物を食べられる。心臓が働くから血液が全身を巡ることができる。これもあたりまえ。
　あたりまえのことに対して，私たちはあまり関心を持たない。だから私たちは，自分の身体に感謝することは，あまりない。同様に，空気や水や食物を提供してくれる森や大地や海に対してもあたりまえだから，あまり感謝することがない。
　でも，こうした無数の「あたりまえ」が私たちのいのちを支えている。「枯れ木に花咲くに驚くより，生木に花咲くに驚け」というのは，
　「あたりまえのことに，奇跡が宿っている」
という意味でもある。この地球に生まれたこと，今，生きていること，それが奇跡的なことだと分かれば，そして，ありがたいことだと分かれば，人生が今までと違うものになるかもしれない。もし，「あたりまえ」に感謝できるようになったら，その人には感謝できる相手が無数に増えることになる。感謝できる相手が多いほど，その人は幸せを感じるかもしれない。そして，周囲に幸せを広げていけるかもしれない。
　「あたりまえ」と思っていたことを「おかげさま」と感じる人が多くなったら，世界は大きく変わっていく気がします。

株式会社ウインドファーム　代表　中村隆市
※ウインドファームは，有機コーヒーや紅茶などの有機農業とフェアトレードの普及に取り組んでいます。

（群馬県　羽鳥　悟）

CD-ROM
4-28
授業用
パワーポイント

感　動	★☆☆	
驚　き	★★☆	
新たな知恵	★★★	
振り返り	★★★	

1年
2年
3年

敬老の日の前に

28. 敬老の意味を考える

　高齢者の認知症や介護，危険運転などの報道に多く接するため，高齢者を「社会的弱者」「困った存在」とのみ見なす危険性があります。高齢者でも元気でずっと社会で活躍している方は多く，たくさんの示唆を与えてくれます。生徒には，高齢者のさまざまな問題に気づかせつつも，「高齢者を敬う」という基本をしっかりと教えていく必要があると考え，この授業を創りました。

教科書教材「家族と支え合うなかで」
平成30年検定『あすを生きる 1』日本文教出版

■ 教材の概要 ■

　私の祖母は寝たきりで，母や祖父が介護している。下の世話をするときに臭いに耐えきれず，逃げ出す私。母に「おまえが赤ちゃんのときにお漏らししても，おばあちゃんは笑顔でふいてくれた」と言われる。思い直した私は家族の一員として何かできることはないか考える。手品を見せたり，祖母の部屋を掃除すると，祖母が元気を取り戻し起き上がる。高齢社会が深刻化するなかで，私は身近な誰かを支えることができる人になりたいと誓う。

■ 授業構成 ■

0	3	5	10	20	22	27	30	35	40	45	50(分)
●発問● 何の 日？	提示 教材 1 2 3	教材範読	●発問● 大事なところ？	発表	●発問● 自分がした こと？	発表	●発問● どちらです か？	●発問● よい？ まずい？ 理由？	●発問● 何に気を つける？	班の発表	

> **協働的な学び**　グループでの意見交流をする。

■ 本時の授業を中心に見取った評価文の例 ■

　いつも道徳の時間は友達の考えに学ぼうとする姿勢が見られました。特に，敬老の日を扱った授業では，同居する祖父母から学んでいることを友達から聞いて，自分も同様な経験があったことに気づき，感動していました。

協働的な学びの度合い ●●●●　　授業準備度 ●●●●●

ねらい

　敬老の日のもともとの趣旨と，自分のこれまでの高齢者への接し方を比べることを通して，高齢者を敬う態度を育てる。

C17［我が国の伝統と文化の尊重，国を愛する態度］

準備

・教科書教材「家族と支え合うなかで」
・ワークシート（本書付属CD-ROM）　生徒数分
・教材1～4（126ページに掲載）　提示用

授業の実際（1年で実施）

　拡大した教材1「世界の敬老の日」のタイトルを隠して提示し，最初の問いをした。

■これらは何の日でしょうか。

　■導入で「何だろう」と引きつける発問である。

　プレゼンテーションソフトで，アメリカ，カナダ，中国……と順々に示していった。最後に日本を示すと「敬老の日」と出た。名称がさまざまな世界各国の「お年寄りの日」であること，日本だけではなく，世界各国に類似の日があることを補足した。

　次に教材2を示した。敬老の日についての法的根拠である。続けて，敬老の日の意味を確認させるため，音読をさせた。全員読んでから，日本では長寿を祝う習慣があることを教材3「長寿の祝い」で補足した。

　「もうすぐ『敬老の日』。教科書に高齢者への接し方に関する話があります。何ページかわかったらページ数を教えてください」と言い，生徒が探している間に「めあて：敬老精神を振り返る」と板書した。「教材『家族と支え合うなかで』を読みます。高齢者への接し方について大事だなと思うところはどこか線を引きながら聞いてください」と指示をして，全文をゆっくりと範読した。

■どこが「高齢者への接し方について大事だな」と思いましたか。

　■教材のなかの道徳的価値を見いだす，本時のねらいに沿った発問である。

　「1カ所でも線が引けた人は起立してください。線を引いたところを1人1つずつ発表してもらいます。自分が線を引いたところがすべて発表されてしまった時点で座ってください」と，多くの生徒に発言させるため，指示をした。

　挙手指名で発表させた。

　次の箇所が出されたので板書した。

　・家族の一員として祖母を支えていく。
　・自分でできることは何か考える。
　・自分も支えられていることを忘れない。
　・心の広い人間になる。

　これらを板書した。

　「なるほど，これらの気持ちを忘れずに敬老の日を迎えることが大切ですね。その通りです。その気持ちで敬老の日を迎えてください」と評価して，次の問いをした。

3 あなたはこれまで「敬老の日」には何をしてきましたか。

　■自分の行動を振り返らせる発問である。

　「これまで自分がしてきたことを書きましょう。1枚のメモ用紙に1つのことを書いてください。時間は1分間です」と指示を加えた。

　家庭環境によって祖父母との接触経験がない生徒もいるかもしれない。教師は机間指導しながら，幼稚園・保育所・小学校のときに地域のお年寄りに対してしたことを書くように助言した。

　早い生徒は，2つめ，3つめと書いたが，思いつかない生徒もいた。「思いつかない人は友達の発表を聞いて，同じなら書いてください」と補足した。

　「今日まだ発言していない人は起立してください。自分が書いたものを読んでください」と，発言機会をなるべく均等にするための指示をした。

　1人の生徒が発言したらメモ用紙を黒板に張らせた。同内容の生徒のメモ用紙も一緒に張らせた。たとえば「○○をあげた」という

意見はすべて1つの小ホワイトボードに集め、「プレゼントをした」と題名をつけた。

次のようにまとまった。

> ・プレゼントをした。
> ・似顔絵を描いた。
> ・手紙を書いた。
> ・お手伝いをした。
> ・食事をした。
> ・お話をしたり、一緒に遊んだりした。

「ここで、敬老の日の始まりについて書いてある資料を見せます」と言って、教材4『敬老の日』発祥の地」を示した。生徒にも配付した。そして、教師が読んだ。

敬老の日の当初の趣旨を確認させるため、「門脇村長が何のために敬老会を開いたのか、書いてあるところに線を引いてください」と指示をした。

生徒は「お年寄りを大切にし、お年寄りの知恵を借りて村づくりをしよう」のところに線を引いた。線を引いたところを発表させ、「お年寄りを大切にし」「お年寄りの知恵を借りて村（社会）づくり」と、2つに分けて板書した。

◢4◣皆さんがしてきたことは「お年寄りを大切に」「お年寄りの知恵を借り」のどちらですか。
　■自分の行為の不十分さに気づかせる発問である。

「皆さんのしてきたことを当てはまる方に並べます」と言い、「プレゼント……はどちらですか」と生徒に問いながら並べ替えた。予想通り下記のようになった。

> 「お年寄りを大切に」　「お年寄りの知恵を借り」
> ・プレゼントをした。
> ・似顔絵を描いた。
> ・手紙を書いた。
> ・お話ししたり、一緒に遊んだり。
> ・食事をした。

すべて「お年寄りを大切に」に集中した。

誰もが「お年寄りの知恵を借り」という点を忘れていることが一目瞭然となった。

◢5◣これを見て「このままでよい」「このままではちょっとまずい」のどちらですか。
　■「まずい」が多いと気づかせ、理由を言いやすくする指示である。

「このままでよい」と思った人は手を挙げてください。（1人）では、手を挙げなかった人は「このままではちょっとまずい」と思ったわけですね。「ちょっとまずい」と思った人は起立します。「まずい」と思った理由を言ってください。

次のような意見が出された。
・昔の時代のものが残せなくなる。
・ゲームばかり広まり、昔の遊びが減る。
・伝統的なものがなくなる。
・昔の食べ物がなくなる。
・お年寄りだけが知っていることが伝わらなくなる。
　これらを板書した。

◢6◣ 🈔 今年の敬老の日を迎えるにあたって、皆さんは高齢者に接するときにこれから何に気をつけたいと思いますか。
　■まず自分の考えをもたせるための指示である。

ワークシートの「気をつけたいところ」に書くよう指示をし、1分間ほど個人で書かせた。そして小グループにして、高齢者への接し方をグループ内で交流させ、小ホワイトボードにまとめさせて授業を終えた（その内容は、126ページに掲載）。

教材　教材1　「世界の敬老の日」tenki.jp（日本気象協会）
https://tenki.jp/suppl/kana/2016/09/15/15601.htmlより

アメリカ合衆国…1978年から9月の第一月曜日の次の日曜日
カナダでも同様
中国…9月9日の「重陽の節句」
日本…9月の第三月曜日

教材2　「敬老の日」(国民の祝日に関する法律第二条，昭和23年に公布・施行された)

「多年にわたり社会につくしてきた老人を敬愛し，長寿を祝う」日。

教材3　「長寿の祝い」

還暦(かんれき)…61歳，古稀(こき)…70歳，喜寿(きじゅ)…77歳，傘寿(さんじゅ)…80歳，米寿(べいじゅ)…88歳，卒寿(そつじゅ)…90歳，
白寿(はくじゅ)…99歳　など

教材4　「敬老の日」発祥の地　全国町村会ウェブサイト「兵庫県多可町」
https://www.zck.or.jp/site/forum/1067.htmlより

　戦後の動乱期（昭和22年），野間谷村（旧八千代町）の門脇政夫村長が全国で初めて村主催の敬老会を開催されました。長い間社会に貢献してきたお年寄りに敬意を表するとともに，知識や人生経験を伝授してもらう場を設けることが目的でした。敬老会の期日は農閑期で気候的にも過ごしやすい9月15日とされました。当日は，村中の自動三輪車を集めて55歳以上の人を送迎し，公会堂に招いてご馳走と播州歌舞伎でもてなされたそうです。

各班がまとめた，これから気をつけたいこと

1班：日頃の感謝を伝え，お話をたくさんして，お年寄りの意見を聞く。
2班：聞こえやすい声で話し，優しく接し，いつでも手伝い，お話の時間を増やす。
3班：お年寄りを大切にし，コミュニケーションをとる。新しいものばかり使わず，
　　　昔のものも使い，悲しませないようにする。
4班：笑顔で話し，前向きな気持ちになってもらい，コミュニケーションをとる。言
　　　動に気をつけ，昔の味を教えてもらう。

（群馬県　羽鳥　悟）

1年	礼儀は感謝の心からにじみ出る
2年	# 29.「ありがとう」って言っていますか？
3年	

感　動	★☆☆
驚　き	★★☆
新たな知恵	★★☆
振り返り	★★★

CD-ROM
4-29
授業用
パワーポイント

　私たちの生活はさまざまな人々に支えられています。店で多くの商品をお金を出して手に入れることができるのも，生産者や，物流，小売業などで働いている人々のおかげです。「ありがとう」の言葉から，世の中とのつながりに気づいて感謝し，礼儀を尽くすことができる心の豊かさをもってもらいたいと思い，授業を創りました。

「記者の目」「『ありがとう』言える素直さ」
長崎新聞　2016年3月11日　嶋田嘉子（報道部）

■ 教材の概要 ■

　長崎新聞の記事で，ある幼稚園の園長先生がコンビニで，10歳と5歳くらいの兄弟がレジでの支払う様子を見た。兄弟が店員に礼を言うのに対し，その母親が「言わなくてよい」と兄弟を制した……。なぜ「ありがとう」と言うのか，どんな意味が込められているのかを改めて考えることのできる教材である。

■ 授業構成 ■

0	5	8	15	25	35	45	50(分)
●導入● ありがとうと店で言いますか？	教材	●発問● この母親はなぜ言ったのか？	●発問● レジ係にお礼を言うのはなぜ？	●発問● 言われた経験はあるか？	●主発問● 礼儀を尽くすことに込められたものは？	●発問● この授業で考えたことは？	

> **協働的な学び**　班活動で対話的な学びをした後に，班の意見をほかと比べる。

■ 本時の授業を中心に見取った評価文の例 ■

　班活動で自分の意見をしっかり伝えながらも，礼儀を尽くすことの意味の一つに相手へねぎらいの気持ちが含まれているという考えに感銘し，さらに礼儀を尽くしていきたいと伝えていました。

協働的な学びの度合い ●● ＊ ＊ ＊ ＊　　授業準備度 ● ＊ ＊ ＊ ＊

ねらい

さまざまな立場の人の支えで社会が成り立っていることを確認し、感謝の気持ちをもって礼儀を尽くそうとする心情を育てる。

B7［礼儀］

準備

・ワークシート（130ページに掲載）生徒数分

授業の実際（3年で実施）

「今日の道徳は、新聞記事から言葉の意味を考えたいと思います」と説明し、タイトル「『ありがとう』って言っていますか」を板書した。

「皆さんはスーパーやコンビニでレジでの精算をするとき、店員さんに『ありがとうございます』と言いますか」とたずねると、10人くらいが手を挙げた。「お辞儀をする」という生徒がいたので、「お辞儀ならしているという人はいますか」とたずねると、半数くらいの生徒が手を挙げた。

「今日の教材はそのような場面を扱ってます」と言ってワークシート（130ページに掲載）を配付し、記載している文章を読み上げた。コンビニで、10歳と5歳くらいの兄弟がレジで支払う様子を見た幼稚園の園長先生。兄弟が店員に礼を言うのに対し、その母親が「言わなくてよい」と兄弟を制したという内容である。

最初の問いをした。

■この母親は、なぜ「ありがとうは言わんでよか、向こうが言わんばと！」と言ったと思いますか。

■母親の意図を考えさせる発問である。

個人で考えた後に全員に発表させた。全員起立させて一人ずつ発表していく。自分と同じ内容だったら着席するという方法をとった。

・商品を買ってやったから。

・客がお金を払っているから。

・商品を買う側がお礼を言う必要がないと思うから。

・商品を買ってもらったのだから、お店がお礼を言うのが当然だから。

・店員の態度が悪くて、つい言ったのではないか。

「買ってもらっているお店の方がお礼を言うべきだという意見が多いですね」と言って、「でも、皆さんにさっき聞いたところでは、お礼の言動をする人がたくさんいましたね。皆さんと同じように、お客さんのなかにはお礼を言う人もいます」と言って次の問いをした。

②支払い後、レジ係に「ありがとうございました」とお礼を言う人はどのような気持ちや考えから言うのでしょう。

■お礼を言う客の気持ちや意図に気づかせる発問である。

個人で考えた後、班で意見交換をさせた。班の代表者が、班内で出た意見のなかからクラスのみんなに聞いてほしい意見を発表するよう指示した。

・店員は自分のために動いてくれたので、人として、「ありがとう」と言うのが当たり前だから。

・そのお店がないと商品が買えなかったので、お礼の気持ち。

・商品に関わったすべての人への感謝の気持ち。

・仕事や立場の問題ではなく、人としてちゃんとあいさつをしているから。

板書した4つの意見に注目させ、「前の3つはまとめるとどんな言葉になるかな」と問うと、「感謝」という言葉が出たので、それぞれ「ありがとう」「お礼」「感謝」のところをチョークで丸囲みした。そして「最後のは、人としてできないと、というように生き方までふれましたね」と返した。

「今まではお客さんの立場で考えましたね。しかし、この前お店側に立ちましたよね」と言うと、「職場体験学習」という声が上がった。そこで次の問いをした。

❸職場体験学習でコンビニやスーパーマーケットに行った人は，お客さんからお礼を言われた経験がないですか。

■今までの体験を振り返らせ，次の発問の布石となる発問である。

３，４人が挙手した。

挙手した全員に，どこの店で，どんな業務をさせてもらったかを確認した。

そして，言われてどう思ったかをたずねた。

「うれしかった」「もっとがんばろうと思った」という生徒がいた。

「感謝の気持ちを感じたときに，その相手に礼儀を尽くすことで，その相手も喜びを感じるのですね」と確認して次の問いをした。

❹ ㊙ 相手にお礼の気持ちを伝え，礼儀を尽くすことには，感謝のほかに，どんな気持ちや意図が込められるでしょうか。

■一つの言葉にもさまざまな気持ちが込められていることに気づかせる発問である。

班で話し合わせた後，班長に起立をさせて一人ずつ発表させていった。同じ意見が出たら座らせていった。次の５つが出た。

・「お疲れさま！」という気持ち。
・「これからもがんばって！」と応援する気持ち。
・「また買いに来るよ」という気持ち。
・店員と客，お互い温かい気持ちにさせる。
・コミュニケーションをとることでよい関係をつくろうという気持ち。

発表を受けて，「『お疲れさま』の言葉をかけることを何というか知っていますか？」とたずねた。生徒から出てこなかったので，黒板に「労い」と書いた。「何て読みますか」とたずねるが誰も答えられなかった。「『ねぎらい』と読みます。努力や骨折りに対して，感謝する気持ちを何かしらの手段を用いて表現するという意味です」と説明した。

そして，授業者の体験も紹介した。

「大学生のとき，スーパーマーケットでレジのバイトをしました。何時間も立ちっぱなしで疲れます。そんななか，お客さんから最後にお礼を言われてうれしかったし，仕事の疲れが飛ぶようなホッとした経験があります。それまでは，レジの人にお礼を言ったことはありませんでした。しかし，バイトをしてからはレジの人に『ありがとうございました』と言うように心がけています」と説明した。

最後に今日の授業を受けて考えたことを記入させた。

●生徒の感想

・私は小さい頃から「バスやタクシーに乗ったら『ありがとう』と言わなくてはいけない」と親から言われていて，今では癖になっていますが，今日の授業ではその意味がわかったような気がします。

・私は「ありがとう」について考えたことがなく，毎日当たり前のように使っていました。しかし，今日の授業で「ありがとう」について考えることができました。感謝以外にもいろんな意味が込められていることを知ったし，周りが温かい気持ちになれるようにたくさん感謝しようと思いました。

・これからはもっとたくさん「ありがとう」と言いたいと思った。もし子どもができたら，自分の子どもにもちゃんと「ありがとう」と言えるようにさせたいと思う。

・従業員の人たちがいてくれたからこそ，私たちはいろんな買い物ができるということを忘れないようにしたいです。

・カゴごとレジに置いたら合計金額が出てカードで支払いするようなレジを見ました。今日の話からすると，少し寂しい気持ちになります。やり取りのよさは残してほしいです。

「ありがとう」って言っていますか？

> 番（名前）

> 　ある日のコンビニ。10歳と5歳くらいの兄弟と母親が買い物を済ませ，お金を支払っていた。レジ係の若者に兄が「ありがとうございました」と伝えると，弟も「ありがとう」。通常の，しかし心温まる光景だと思っていたが，その後の母親の言葉に驚いた。「ありがとうは言わんでよか，向こうが言わんばと！」──。
> 　　　　　　「ある幼稚園の園長先生が見た話」　長崎新聞　平成28年3月11日より

1　この母親は，なぜ「ありがとうは言わんでよか，向こう（レジ係）が言わんばと！」と言ったと思いますか。理由を考えましょう。

2　お客さんのなかには支払い後，レジ係の人に「ありがとうございました」と言う人もいます。なぜだと思いますか。

（あなたの考え）

（班の人や，学級の人の考え）

3　「ありがとう」には，ほかにどんな意味があると思いますか。

（班で話し合った結果）

○今日の授業で考えたことを書きましょう。

（長崎県　山﨑みゆき）

<table>
<tr><td rowspan="3">1年
2年
3年</td></tr>
</table>

感　動	★★☆
驚　き	★★☆
新たな知恵	★★☆
振り返り	★★☆

競い合い高め合う素晴らしさ

30. 交わらないライバル

CD-ROM
4-30
授業用
パワーポイント

有名人や偉人を扱う教材で「ライバル」を取り上げて友情について考える道徳授業では，その美しい部分にスポットが当たり，美し過ぎる扱われ方をしてしまうことがあります。「そんなライバルができるのは難しい」と距離を置きたくなる気持ちになりかねません。「アイツには負けたくない」というライバル感情の原点にスポットを当てた授業です。

 ## 「大羽進と王貞治のライバル物語」
（授業者によるまとめ）

■ 教材の概要 ■

　元・広島カープの投手だった大羽進さんの中学時代からのライバルは世界の王貞治さん。「互いに交わることがない」ライバルである。そして今も野球を愛する2人。
　そこには「言葉による裏づけ」を必要としないライバル関係があり，2人は確実に高め合っている。そう思える教材である。

■ 授業構成 ■

0	4	8	13	15	23	28	37	43	47	50(分)
●発問● ライバル の例？	●発問● ライバル のイメー ジ？	●発問● あなたのラ イバルは？	●説明● 高校 時代	●発問● 何を喜ぶ？		●発問● どう思う？	●説明● プロ時代	●発問● どんな交流？	●発問● あなたは どうあり たい？	●教材配付●

> **協働的な学び**　班に分かれて発表し合い，そのなかでランキングをする。

■ 本時の授業を中心に見取った評価文の例 ■

　いろいろな見方でものごとを考えていました。ライバルについて考える授業では，感謝し合ったり，心の底ではつながっていたりする関係を築いていきたいという意欲を語っていました。

協働的な学びの度合い ●●●●●　　授業準備度 ●●●●●

ねらい

ライバル関係に必ず友情を重ねようと気負うことなく，高め合える人間関係を築いていこうとする態度を育てる。

B8［友情，信頼］

準備

・教材（134ページに掲載）　生徒数分
・王監督の写真と現役時代のフラミンゴ打法の写真を大きくコピーしたもの。

授業の実際（2年で実施）

「皆さんに競い合う相手がいますか」とたずねると，数人の挙手があった。「競争相手，対抗者，好敵手。こういう人のことをライバルと言いますね」と言って，「ライバル」と板書し，最初の問いをした。

■1ライバルといったら，誰と誰のことが頭に浮かびますか。
　■ライバルという言葉にもつイメージを確認する発問である。
「はっきり名前を覚えていなくていいよ」と話した。挙手した生徒を数名指名して答えさせた。
　・体操の内村航平選手と白井健三選手
　・スノーボードの平野歩夢選手とアメリカのショーン・ホワイト選手
　・ドラゴンボールのベジータと悟空
　・スピードスケートの小平奈緒選手と韓国の李相花選手

■2「敵」という言葉と比較して，「ライバル」という言葉にはどんなイメージをもちますか。
　■ライバルという言葉には多くの意味があることに気づかせる発問である。
「一時的でなく，続いている」「仲は悪くない」「友情関係がある」「お互いに刺激し合っている」「お互いに高め合っている」「お互いに尊

敬し合っている」
　これらを一つ一つ板書していった。

■3あなたには，ライバルと言える人がいますか。
　■自分を振り返らせる発問である。
「はい」か「いいえ」で挙手させると，4人が「はい」，それ以外は「いいえ」であった。4人を起立させて聞くと，その内訳は，部活が1人，習字教室が1人，勉強が2人であった。「先にあげたイメージをもっていますか」と確認すると，4人とも「相手を尊敬している」「仲はとても良い」などと答えた。
　生徒の思考がねらいに関することに触れてきたので，本時のねらいとして「ライバル関係について考えよう」と板書した。
「今年78歳になられた大羽進さんという方のライバルのお話をします」と言って，「大羽進78歳」と板書し，「大場さんとそのライバルは野球で競った関係でした」と説明した。
「あいつ，バックネットで喜んでいたんだ」と板書し，「大場さんが，高校野球の地区大会当時を振り返って言った言葉です。つまり，そのライバルは大場さんの試合を見ていて何か喜んだんだね」と説明して問うた。

■4そのライバルは，バックネットで何を喜んでいたのでしょう。
　■「ライバル関係」は高尚な関係ばかりではなく，人間味があるものに出合わせる発問である。
3人挙手したので発表させた。
　・大場さんが同じチームになったこと。
　・大場さんがピンチを切り抜けたこと。
　・大場さんと試合ができるような状況になったこと。
「3人の予想では，そのライバルは大場さんの活躍を喜んでいるようですね。実は大場さんが高校3年の夏，東京大会の4回戦で敗れ，甲子園への道が絶たれました。大場さんは，そのライバルと戦う前に敗れたのでした。その試合をバックネットで見ていたライバルは，大場さんの敗戦を喜んでいたと大場さんは言っています」と説明した。生徒は笑っていた。

⑤ライバルの敗戦を喜ぶことをどう思いますか。

■「ライバル関係」は高尚な関係ばかりでなく，人間味があるものに触れさせる発問である。

・あまりいいことではない。

・喜ぶ気持ちはわかるが，目の前で喜ぶのは失礼だと思う。

・本音では，自分たちが甲子園に行くチャンスが増えたのでうれしかったのだろうと思う。

・つい喜んでしまうほど，ライバルのことを恐れていたのだと思う。

「少しさかのぼって説明します。2人は東京に生まれ育ち，中学・高校を通じて，1勝3敗でした」と説明した。

「そのライバルとは後にプロ野球に入り世界一の868本塁打を打った，早稲田実業高校の王貞治さんのことです。現・ソフトバンクホークスの会長です」と言って，監督時代の写真を見せると，生徒は大変驚いた。現役時代のフラミンゴ打法の写真も大きく黒板に提示し，「フラミンゴ打法世界一の868本塁打」と板書した。

「大場さんは広島に，王さんは巨人に入団して再びライバルとして戦うことになったのです。プロ野球での通算対戦成績は，174打数55安打，打率3割1分6厘，12本塁打。それでも大羽選手は通算48勝のうち，巨人から19勝をあげました。また，王選手の5打席連続本塁打の記録を阻止したり，王選手の7試合連続本塁打を阻止したりしました。要所要所で大場さんはライバルぶりを発揮しました」と説明した。

「さらに，王選手のフラミンゴ打法に対し，タイミングをずらすため，右足を止めるフラミンゴ投法で対抗しました」と言って，板書していた「フラミンゴ打法」の横に「フラミンゴ投法」と板書した。

ここまで説明が続いたので，これらの説明を聞いてどう思ったか，隣同士で話し合わせた。「お互いにかなり意識しているはず」「運命を感じた」などの声が聞こえた。

⑥2人はどんな交流をしたと思いますか。

■「ライバル関係」は即「仲良し」につながるものではなく，高め合える関係であることに気づかせる発問である。

「A：ほとんどつきあいはない，B：たまにメールや電話で連絡を取り合っている，C：ときどきは直接会って昔話をする」の三択で答えさせた。Bがいちばん多かった。

「現役時代は練習中に立ち話をするくらいで，引退後も『電話で話したくらい』だそうです。携帯番号を交換したもののほとんど交流はないそうです。大場さんは，携帯に電話番号は入っているけど，おこがましくて電話できないそうです」と説明した。

次の内容を大きく提示した。

> 中学時代からライバルとして生きてきた2人は，決して交わることはない。
> 球団会長として常勝チームを率いる王に対し，甲子園の夢が途絶えた母校の再建に尽力する大羽さん。
> 中学時代からのライバルはカテゴリーこそ違うが，今も野球に対する情熱は変わっていない。

⑦ ㊟ あなたは，ライバルとはどんな関係でありたいと思いますか。

■本時の学びを自分に照らし合わせる発問である。

書かせる時間を3分とった後，4人組のなかで発表させた。話し合わせてベストワンを決めさせ，すべての班に発表させた。

・負けたくないと強く思いながら，心の底ではつながっているような関係。

・表面的に仲が良いのではなくて，尊敬し合っている関係。

・自分が高まったのはアイツのおかげだと思えるような関係。

・友達というよりも，相手のことがいつも気になって競い合う関係。

最後に134ページの教材を配付し，黙読させて授業を終えた。

　大羽進さん。昭和15年生まれ東京出身の元プロ野球選手。通算48勝のうち巨人から19勝をあげ「巨人キラー」と呼ばれた。プロ野球通算本塁打868本の記録を持つ現・ソフトバンクホークス会長王貞治さんを同学年の中学から競ってきたライバルとしている。

　大場さんは中学時代に王さんと一度対戦しており，そのときは地区大会決勝で敗れた。高校では，大場さんは日大一高，王さんは早稲田実業という野球名門校で，お互いにエースで主軸打者として活躍する。高校時代2人は3度対戦し，1勝2敗。最後の夏は，大場さんはライバルと戦う前に東京大会4回戦で他のチームに敗れた。

　「アイツ，バックネット裏で喜んでいたんだ」。

　そのとき王さんがライバルの敗戦を喜んでいたことを大羽さんは覚えているという。

　高校卒業後，王さんは巨人入りし打者に転向する。大羽さんは広島入りし投手を続け，投手と打者としてのライバル関係が続くことになった。王さんは「一本足打法」を身に付け超一流の選手になっていった。大場さんは1年目，2年目はそれぞれ1勝どまりであったが，3年目の昭和36年5月10日に巨人戦に登板すると巨人打線を2点に抑え，広島市民球場で初めての完投勝利をする。

　プロ野球通算対戦成績は174打数55安打，打率・316，12本塁打と打たれた。それでも要所で大場さんは王さんを抑えた。

①昭和39年5月の巨人戦では，大羽さんは先発登板。この試合は王の5打席連続本塁打の日本記録がかかっていた。大羽さんは打席の王さんに勝負してファーストライナーに打ち取り，日本記録達成を阻止した。

②昭和39年8月の巨人戦では，連続試合本塁打の王さんの記録を止め，初完封勝利した。

③昭和45年。5試合連続本塁打で日本記録に並んだ王さんの新記録達成なるかで沸き返る6月24日の後楽園。先発した大羽さんは，あわやノーヒット・ノーランの1安打完封をした。注目された王さんとの対決は，ノーヒット2三振1四球と抑えた。

　王さんの一本足打法の別名「フラミンゴ打法」に対して，いったんあげた足を一瞬止めてから二段モーションで投げる「フラミンゴ投法」と呼ばれたフォームで昭和41年に13勝をあげ，オールスターゲームにも初出場した。

【以下の参考文献からまとめた】
1 『カープ50年一夢を追って一』中国新聞社，1999年11月，p.67
2 「『世界の王』と中学からのライバル…大羽進さんは一本足打法にフラミンゴ投法で対抗」
　デイリースポーツ 2018年7月24日配信
　https://www.daily.co.jp/opinion-d/nextstage/2018/07/24/0011473784.shtml
3 『カープ猛者列伝　私家版』堀 治喜：著　文工舎　p.58-60
4 「日大一・木村，1失点完投！大羽先輩の指導に応えた／東東京」サンスポ・コム2014.7.7
　https://www.sansupo.com/baseball/news/20140707/hig14070705020003-n1.html

（熊本県　桃﨑剛寿）

第5章

人権感覚を高める
〜いじめをしない・許さない〜

道徳の教科化の大きな推進力となったのが「いじめを防止する力をもつ道徳授業の実現」にある。道徳科はその使命を果たせているだろうか。いじめがいけないことは誰でもわかっている。いじめを受けたくないと，誰でもそう思っている。それなのにいじめをしてしまう「人間の心」を分析することから，いじめをしない生徒への変容を図る。そのような5本の道徳授業がここにある。

第5章

人権感覚を高める
～いじめをしない・許さない～

31. 温室デイズ [A1 自主，自律，自由と責任]
　いじめが起きているクラスでは，自分がいじめられないために他人をいじめてしまうことや，本心から相手を傷つけたいと思っていなくてもそうしてしまうことがある。このことをしっかり認識できる授業である。

32. 本当はわかってるんでしょ [A1 自主，自律，自由と責任]
　SNSの中では周囲に流されたり，トラブルが起きても責任をとろうとしなかったりしやすい。自分自身のことを自分で決めて結果に責任をとる誠実さを考える授業である。

33. 心から笑えるように [C11 公正，公平，社会正義]
　テレビでは人を叩いたり，からかったりして笑いをとるシーンが多く，悪気がなくとも生徒が教室で再現してしまうことがある。よりよいコミュニケーションには相手の気持ちを考えることが必要であると実感するための授業である。

34. アビリーンパラドックス [C15 よりよい学校生活，集団生活の充実]
　集団で意思決定をする際，周囲の意見を大切にしているはずなのにそれぞれが本当にやりたいことや目標としたいこととは違う決定がされてしまうことがある。このことからよりよい集団のあり方を考えさせる授業である。

35. 注文をまちがえる料理店 [B9 相互理解，寛容]
　多様な生徒が共に学ぶ学校。相互理解不足が故のトラブルが起きやすい。一方で失敗を認めない風潮が強くなってきた。様々な違いを認め合い失敗を許し合える心を育てる授業である。

1年

2年

3年

無意識な言動について考える

31. 温室デイズ

感　動	★☆☆
驚　き	★★☆
新たな知恵	★★☆
振り返り	★★★

CD-ROM
5-31
授業用
パワーポイント

　中学生の時期には周りの空気に流されて，本心と違うことを言ってしまうことがよくあります。いじめが起こっているクラスでは，自分がいじめられないようにするために，他人をいじめてしまう事実もあります。いじめをしたり，傍観したりする生徒たちは，果たして本心から相手を傷つけたいと思っているのでしょうか。この問題を共に考えたいと思い，創った授業です。

 『温室デイズ』

瀬尾まいこ：著　角川文庫

■ 教材の概要 ■

　主人公みちるが，小学校時代をいじめの加害者の立場で回想する。みちるは，クラスではいちもく置かれる存在である。外見がよく，何にでも一生懸命取り組み，だめなことはだめと言う優子（＝前川さん）はいじめられるようになる。

　優子がみちると同じシャープペンシルを持っていた。それをみちるの友人カスミとマユミがみちるに告げ口し，みちるは「それって，最悪。かなりむかつく」と本心とは違うことを言い，カスミたちは優子のシャープペンシルをゴミ箱に捨ててしまう。

■ 授業構成 ■

0　2	5		15		25		40　43	46	50(分)
学習課題の提示	教材提示	●発問● カスミをどう思う？		●発問● みちるをどう思う？		●主発問● カスミとみちるを比べて同じ ところと違うところは？	学習課題と関連する事項について考える	無自覚などについて考える	資料範読→感想を書く

┌───┐
│ **協働的な学び**　3人グループでの話し合い後，相互指名により生徒全員が発表する。 │
└───┘

■ 本時の授業を中心に見取った評価文の例 ■

　いつも大切なことをいろいろな角度から考えました。特に「温室デイズ」の授業では，いじめを被害者と加害者両方の立場から考えながら，無意識にやってしまう怖さについて自分を振り返っていました。

協働的な学びの度合い ●●● ● ● ●　　授業準備度 ●●● ● ● ●

ねらい

　いじめの事実を加害者，被害者両方の立場から観察させ，人間関係の構造とどのように関わっているか考えることを通して，いじめには，自主性のなさや無責任さも関係することに気づかせ，いじめを行おうとしない態度を育てる。

A 1［自主，自律，自由と責任］

準備

・『温室デイズ』
　（前掲書p.8・13行「最初の〜」〜p.14・11行「〜機会となった。」
　p.64・13行「六年生の〜」〜p.67・1行「感じた。」）
・教材（140ページに掲載）　生徒数分
・登場人物のシルエットカード　提示用
・セリフのカード　提示用
・ワークシート　生徒数分

授業の実際（2年で実施）

　『温室デイズ』を朝の読書で事前に読ませておいた。授業前に3人グループをつくらせ，グループ内で①〜③の発表順を決めた。生徒による相互指名・全員が発表するなど，授業の進め方についても説明した。

　学習課題「いじめているつもりがないのにいじめている。どうしてそうなるのか？」をゆっくり板書した。その後，「いじめをしている人の多くが，いじめているつもりがないのにいじめている，そのような場合が多いです。どうしてそうなるのでしょう」と問いかけた。

　登場人物について，シルエットを掲示しながら確認した。

　前掲書p.12・7行〜p.13・3行（140ページに掲載の教材）を範読した。その後，みちる，カスミの言葉をセリフの掲示をしながら追い，どのような言葉のやりとりを経て，優子のシャープペンシルが捨てられたのかを確認した。

■1カスミについてどう思いますか。

　■批判的に問うことにより，カスミのしたことの何がよくなかったのかを考えさせた。

　1分間3人グループでの話し合いを行い，①の人が全員意見を発表した。
・シャーペンを捨てるなんてひどい。
・みちると同じシャーペンを持っている前川さんが許せないと思って捨てた。
・相手の気持ちをわからない最低な人。
・カスミはみちると合わせている。みんなにも合わせている。
・人が嫌がることをするのはひどい。
・カスミのほうが調子に乗っている。
・いじめを楽しんでいる。

■2みちるについてどう思いますか。

　■発問■1と同様，みちるの行為も「仕方ない」では済まされないことを考えさせる発問である。

　1分間グループでの話し合いを行い，②の人が意見を発表した。
・自分の意志がはっきりしていない。
・思っていることと言っていることが違う。
・卑怯。
・自分がいじめられないように，周りに合わせている。
・自分が思っていることを言わないところがカスミよりひどい。
・自分を守るために，前川さんを犠牲にしている。
・自分のする発言を客観的に見られて，ノリが悪いと思われないようにしている。
・どうして周りの人に合わせて自分の本心を言わないのか。
・本心を言わずに，みんなが求めている言葉を言うのがひどい。
・自分がはぶかれたくないから，うそを言ってみんなに合わせている。

「みちるってどういう立場の人でしたっけ。けっこう強めの立場の人でしたよね。だけど，周りに合わせている部分がある。それは何でなんだろうね」「ノリの悪い人だと思われないようにというのは，みんなにとっても

大事なことなのかな」という問いを入れた。

❸ 対 深 カスミとみちるを比べて，どこが違うところですか。どこが同じところですか。

■どちらの立場でも，人を傷つける行為をしたことには変わらないと気づかせる発問である。

グループでの話し合いの後にワークシートへ２分間記入させ，③の人が「同じところ」のみ発表した。

・みんなに合わせて前川さんをいじめている。
・自分がいじめのターゲットにならないようにいじめている。
・みちるとカスミ２人でいじめている。
・どちらも前川さんの悪口を言っている。

「誰かをいじめないと自分がいじめられてしまう。こういうことってみんなはどう思うかな」と問いを入れた。

板書の学習課題を色で囲み，話をした。

「最後に，もう一度この真ん中の言葉についてみんなで考えてみよう。『いじめているつもりがないのに』という言葉があったよね。つまりどういうことだと思うかな。それを考えてもらいたいと思います。なぜ『いじめているつもり』がなくなるのかな。ひょっとしたら，このように言うことができるかもしれません」と言って，「相手の痛みに『無』」と書きながら，「それは，『無』から始まって，あと漢字が２文字続く言葉です」と問うた。

生徒から「無意識」というつぶやきが聞こえたので板書しながら「相手の痛みに無自覚，無感覚だったり，無神経だったり……ここ（発問❸で出た意見を示す）にヒントがあるかもしれません。周りに合わせている，みんなに合わせている。つまり……みちるのクラスはどんなクラスだと思いますか。『無』から始まる言葉にすると，どんな集団かな。周りのせいにしているのかな」と言って，「無責任」と板書し，「無責任な集団ということができるかもしれませんね。どうしてこんなふうになるのでしょう。全部悪いことだよね。みんなでそれをシェアしましょう。この正体は何ですか。無神経とか，無自覚とか，無責任の正体は何でしょう」と問うた。

グループで話し合わせた後，机をもとに戻すよう指示し，話を続けた。

「その正体の一つ，ここにもたくさんあるものは何ですか？ みんなの周りにたくさんあるもの，何でしょう」と問うと，生徒が「空気」と答えたので「空気」と板書した。

「空気，それが正体かもしれません。でも，この空気をどうすればいいんだろう。それはまたみんなで一緒に考えていく必要があります」と説明し，読み物教材（前掲書p.64・13行「六年生の〜」〜p.67・1行「感じた。」まで。優子自身がいじめられたことを振り返る部分）を範読し，次の説明を加えた。

「もちろんこれは，作者の人が考えた結末であって，実際の学校生活とか，いろいろな人たちがこのようになるとは限らないですよね。この本の結末を知りたい人は，よかったら読んでみてください」と話した。

ワークシートに感想を記入し，提出するよう指示をした。

●生徒の感想

・無自覚，無神経，無責任，これらは，その場の空気にのまれてしまうことだとわかった。
・周りに合わせて一人の人をみんなでいじめるのは卑怯だと思った。

　前川さんはピンク色のくまのプーさんのシャーペンを持っていて，それは私と同じ物だった。私はそんなこと気づきもしなかったし，どうでもよかった。だけど，それを見つけた女子たちが，「優子がみちるのまねをしているよ」と，告げ口をしてきた。どっちが先にそのシャーペンを持ちだしたのかは定かじゃないし，この辺りに文房具屋は一軒しかない。持ち物が重なることは珍しいことではない。「そんなの別にいいじゃない」。そう言おうと思った。それが本心だ。だけど私は，みんなが求めている言葉を知っていた。そして，「それって，最悪。かなりむかつく」そう言った。後のことは，周りの子がやってくれた。

　「みちると一緒だからさ，そのシャーペン捨ててくれない？」

　私と一番仲の良かったカスミが前川さんに言った。

　「何が？」

　前川さんが戸惑っている間に，カスミとマユミが，前川さんの筆箱からシャーペンを取り出した。「みちるのまねするなんて，調子に乗りすぎだって」そう言いながら，カスミたちはシャーペンをゴミ箱へ突っこんだ。

瀬尾まいこ：著 『温室デイズ』角川文庫　p.12～13より

授業を終えて

　多くの生徒が，主人公の卑怯な言動を許さないと考えていることがわかった。たとえ強い立場の存在であっても，周りに流されて本心と異なることを言ってしまう（＝自主性に欠けている）ことに気づいた生徒もいる。それをどのように防いでいくかを考えることが今後の課題である。なかには「このような空気ができないようなクラスをつくりたい」と考える生徒もいた。

　生徒たちのほとんどは「いじめはよくないけれど，止めるのは難しい」「いじめが起こったとき，自分たちではどうすることもできない」と感じていたに違いない。自分たちの力でいじめが起きにくいクラスをつくることの大切さに気づくきっかけになると，この授業を行った意味があるのではないだろうか。

　相手の痛みに「無自覚」「無感覚」「無神経」「無責任」になることの原因の一つが集団のなかに発生する「空気」であるという説明をした。この説明はおおむね生徒たちに伝わったようである。しかし，あまりにも短い時間でとり上げたので，今後生徒一人一人に十分時間をかけて考えさせたい。

　この問題については，学級活動で「いじめと集団の空気の関連」として学習する必要がある。その際，NHK Eテレ「いじめをノックアウト」で放送された「いじめの“空気”って？」「いじめの“空気”変えるには？」「“空気よめ”と言われても…」「クラスの空気を見直してみよう」を使用すると効果的である。

※なお，本実践を完成させるにあたって，宇都宮大学の上原秀一郎教授のご指導をいただきました。本書への掲載に至ったのも上原教授のご協力によるものです。

（栃木県　喜田村徳子）

<table>
<tr><td>1年</td></tr>
<tr><td>2年</td></tr>
<tr><td>3年</td></tr>
</table>

誠実に生きる気持ちを高める

32. 本当はわかってるんでしょ

感　動	★☆☆
驚　き	★★☆
新たな知恵	★☆☆
振り返り	★★☆

CD-ROM
5-32
授業用
パワーポイント

　中学生でもSNSを介したコミュニケーションは当然のように行われています。そのなかで自分の意志をもたずに周囲に流され，何かトラブルが起きても結果に責任をとろうとしない風潮があります。そこで，自分自身のことを他人のせいにせず自分で決めて，その結果についても，自分で責任をとれるような誠実さをもってほしいと思い，この授業を創りました。

 振り返り **『本当はわかってるんでしょ』**
自作教材

■ 教材の概要 ■

　「スマホが気になるから」「みんなが怖いから」という理由でグループトークのメンバーから友達が外されたことに何もできないでいる主人公。一歩抜け出そうとするもその矢先，今度は自分が仲間外しの対象になってしまう……。この窮地に追い込まれたとき，自分ならどうするかを議論しながら，誠実に生きることの意味について考えさせる教材である。

■ 授業構成 ■

●テーマ● 提示	●教材● (教師による範読)	●発問● 本当はわかっていたこととは？	●発問● 自分だったら今後どうしていく？	●発問● テーマについてどう考える？	●私たちの道徳● 提示	●発問● 今日の新たな学びは何か？

0　3　　　　　13　　　　22　　　　　31　　　　　40　　45　　50(分)

| 協働的な学び | グループでの意見交流をする。 |

■ 本時の授業を中心に見取った評価文の例 ■

　友達の意見を共感的に受け取りながらも，自分の考えを深めようとする姿がよく見られるようになりました。周りに流されない生き方を考える授業では，友達の考え一つ一つにどのような意味があるのか質問し，自分の考えに取り入れようとする姿が見られました。

協働的な学びの度合い ●●●○○　　　授業準備度 ●●●○○

ねらい

自他に誠実に判断実行し，行為の結果に責任をもとうとする意欲を高める。

A1［自主，自律，自由と責任］

準備

・教材（144ページに掲載）
・ワークシート　生徒数分
・『私たちの道徳　中学校』文部科学省（インターネットでダウンロード可能）

授業の実際（3年で実施）

「今日は『周りに流されず，自分らしく生きる』ためにはどうしたらよいかをテーマにみんなで話し合いたいと思います」と説明した。本時で考えるべきテーマを明確にするために，以下を板書した。

> 周りに流されず，自分らしく生きる

テーマを考える必要感をもたせるため，「スマホ所持率は中学生でも，今や70パーセント以上。SNSを使ったグループトークは，複数の友達と24時間つながっている感覚が得られ，普段の人間関係にも大きく影響を与えています。そんななかで，みなさんは自分の意志で，自分の気持ちに正直に生きていますか。周りに合わせたり，流されたりしていませんか。1時間後には，未来から視線を投げかけ，自分の人生を自分で選んで生きている人ばかりになることを期待して，この教材を用意しました」という話をした。

教材を範読した。144ページの通りである（生徒に配付する場合，本書付録のCD-ROMの「32.本当はわかっているんでしょ」のワークシートの2，3ページに同じ教材文がついているので，それを使用するとよい）。

■1 歩美が「本当はわかっていたこと」とは何でしょう。

■タイトルにつながる発問である。また，主人公を通して自分自身が目をつぶっていたことを浮き彫りにする発問である。

しばらく考える時間をとり，指名した。

・結局，自分は周りに流されていただけだったということ。
・スマホのせい，周りのせいにしていたということ。
・自分のことだけを大事にして友達を助けることから逃げていたということ。
・逃げていた自分が情けないとわかっていたこと。
・自分は自分で正しいと思うことをやっていきたいと心のなかでは思っていたこと。
・何かのせいにするのではなく，自分の気持ちに正直に生きた方が自分らしくいられるということ。

さらに，これらの意見に付け足しや質問はないかたずねると，「自分にも同じような経験がある」と，主人公のこと，教材のことから離れ，実生活の話になった。身近な内容であるだけに，自分事として考えやすかったからであろう。しかし，「ただ，わかっていながらできないことがある」という意見から，もう一度教材に戻り，次の発問をした。

■2 ⊛ 自分が歩美だったら，これからどうしていくでしょう。

■自分だったらと行為を問う発問である。

決して「どうすることが正しいか」を聞いているのではないということ，また，話し合いが方法論に終始しないようにするため，その行為をとる理由を大切にしてほしいことを補足した。

・自分は自分だと思って生きるしかない。
（理由）友里恵の気持ちはわかる。責められない。こうなってしまったのも，わかっていたのにできなかった自分の責任だ。
・もう一度，自分のしたことをよく見つめ直して，次に生かしていく。
（理由）初めて自分のしたことを振り返る機会を得た。今後の教訓にしていきたい。
・何もできずに仲間外れが次に移るまでじっと黙っておくしかない。

（理由）わかっていてもできない弱さは誰にでもある。弱さを見つめ克服することが大事だとは思うが，そこまで強くはない。

本時のねらいである「自分のしたことに自分で責任をもって」という言葉が多く聞かれたが，その前に「わかっていてもできない自分の弱さを見つめる」などの発言も聞かれた。

そこで生徒の言葉を借りて，「みんなが考えてくれたように，正しいことをしたいと思っていても，周りに流されてしまったり，人のせいにしてしまったりする『弱い自分』は誰の心のなかにもいるんですね。でも，そんな自分をよしとしない自分もいるということが，みなさんの意見からわかりました」とまとめた。

このような話をして，「では，もう一度今日のテーマについて……」と黒板に注目させた。

❸ もう一度テーマに戻り，「周りに流されず，自分らしく生きる」ためにはどうしたらよいでしょう。

■本時のテーマに対して，自分なりの言葉で考えをまとめさせる発問である。

ワークシートに書かせた後，3，4人班をつくり，交流させた。その間にねらいに迫ることができている生徒の文章を見つけておき，後で発表させた。

●生徒のワークシートへの記述

・自分の弱さを見つめると自分らしい生き方に近づけるんじゃないかと思う。

・周りに流されていた方が楽だと甘えている自分に気づくことがまずスタートだと思う。

・自分自身が本当はどうしたいのか，自分の本心と相談して決めることが大切だと思った。

・自分に言い訳せず，失敗したことも全部ひっくるめて自分らしさなんだと思えるようになることが大事。

各生徒の発言のポイントを板書した。

さらに，『私たちの道徳　中学校』（文部科学省，p.27）の話を読み聞かせた。先人の言葉から，自分の生き方に生かせそうな言葉を引用し，前向きな気持ちを育てるねらいで行った。

> プリンシプルを持って生きていれば，人生に迷うことは無い。（白洲次郎）
> ※プリンシプル…主義，信条，原則
>
> 　人生において何が正しいかなんて誰にもわからないのだから，
> 　自分の思うとおりに進んで，
> 　その結果を他人の責任にしないことが大切ではないかと思う。（曽野綾子）
>
> 　ある選択をするということは，
> 　その選択によって生まれるはずのマイナスを
> 　すべて背負うぞ，ということでやんしょ。（井上ひさし）＊
>
> ＊「井上ひさし」の言葉は『私たちの道徳　中学校』文部科学省，平成26年に掲載。

それぞれの言葉の意味を説明するのではなく，隣同士で感想を話し合わせた。満足そうな笑顔で「今日私たちが考えたことはこういうことだったんね」と自分たちの学びを確認し合い，先人たちの言葉に背中を押された様子であった。

❹ 今日の授業から，誰のどんな意見が心に響きましたか。新しく学んだことは何ですか。

■本時の授業を振り返らせる発問である。

「今後に生かしていきたいと思うことは見つかりましたか。振り返ってワークシートに記述しましょう」と指示をした。

早く書けた生徒1人を指名すると，「○○さんが言っていたように，『他人のせいにしないで自分自身で決めていく』がいいと思いました。自分にもほかの人に対しても誠実に，自分のしたことの結果に責任をもって，未来の自分を楽しみに生きていこうと思えました」と発表したところで授業を終えた。

　「今時，スマホくらい持っていないと仲間外れになっちゃうよ」

　歩美がなんとか母を説得し，念願のスマホを手に入れたのは，中二の初めの頃。それからというもの，歩美の生活はスマホ一色になっていった。朝起きてから，まずはスマホチェック。寝ている間に新たな投稿がないか確認し，朝ご飯を食べながらリアクション。ニュースや天気，スポーツの結果など，一通り検索してから学校へ向かう。

　家に帰ってからも，好きな音楽を聴いたり，動画を見たり，オンラインゲームでは夢中になり過ぎて時間を忘れることもたびたびあった。クラスの連絡や宿題でわからないことだって，スマホがあれば何でも解決。歩美はついついのめり込んでしまい，スマホ片手に眠りについてしまうことさえ，何度か重なるようになっていった。

　そんなある日の夜。同じクラスの友里恵からメッセージが送られてきた。

　「ねぇ，私最近，なんか無視されるようなことした？」

　突然の内容にわけがわからないまま，しばらくすると，すぐに次のメッセージが送られてきた。

　「最近，クラスのグループトークに私が発言しても，なんかみんなの反応が冷たいというか……」

　歩美は驚いた。と同時に嫌な予感が胸をよぎった。（もしかして友里恵はクラスに新しいグループができていることを知らないんじゃ……）

　「ねぇ，私，何か悪いことしたかな？」

　「歩美，何か知ってる？」

　歩美は数日前，同じクラスの綾香から新しいグループへの招待を受けた。メンバーはこれまで通りだから変だなと思っていたが，まさか友里恵が招待されていないとは……。友里恵のメッセージに，歩美は何からどう説明すれば良いのか，文字を打っては消し，消しては打っているうちに，頭が混乱してしまい，結局何も返すことができなかった。

　次の日，休み時間にもかかわらず，教室の自分の席にぽつんと一人でいる友里恵を見かけた。

　歩美は昨夜のことを謝ろうと友里恵に近づこうとした。その瞬間，綾香と理沙に話しかけられた。

　「ねぇ，歩美。昨日の話って本当？」

　「本当に今度のテストが終わるまでスマホおあずけなの？」

　歩美は最近，ずっとスマホを気にしている。何を書かれているか，どのタイミングで，どうコメントするか，どんどん進んでいく会話を見過ごさないように，食事中，お風呂の中，布団に入ってからもスマホを手放せない。スマホ片手に勉強しながら頻繁に投稿をチェック。書き込みやメッセージがない隙間の時間は，暇つぶしのゲーム。勉強よりもスマホに夢中で，集中できなくなってしまっていた。そんな自分にほとほと嫌気がさしていたのだ。

　「前のテストで，結果が悪かったから……」

　親に怒られたことを理由に，歩美はスマホを一時的に使わないでおこうと決めた。

　「歩美，そんなことしたらクラスの話題についていけなくなるわよ」

　「そうよ，ほら，あの子みたいに……」はっとした。友里恵のことだ。歩美はすぐさま昨晩のことを思い出した。

　「友里恵って，なんかつきあい悪いじゃない？　テスト前になるとグループトークに参加してこなくなるし」

　「そうそう。だからいつもテストでいい点とってさ」

　「歩美，あんたも気をつけなさいよ」

　その日，歩美は友里恵に話しかけることができなくなってしまった。

　夜，歩美は思い切って高校生の姉に友里恵のことを相談することにした。

　「そんなのよくあることよ」

　姉は冷ややかな顔をしてさらりと言った。

　「一人だけ仲間外れにするためにわざと新しいグループをつくっちゃうの。私の高校でも，いつの間にか外されて学校でも誰とも口をきいてもらえなかった子がいたわ。でも2週間くらい続いたら，今度は別の子が外されて，その子は知らない間にもとに戻っていたの。かわいそうだったけど，みんな次は自分が外されるんじゃないかってピクピクして何もできなかったわ」。歩美は急に背筋がぞっとした。（もしかしたら，私の知らない場所で新しいグループがつくられていて，私の悪口を書かれているんじゃないかしら……）

　「お姉ちゃんの高校では，それ，まだ続いているの？」

　「さぁ，わかんない」

　「ねぇ，どうしたらいいの？　このままじゃ友里恵がかわいそうだよ」

　「友里恵ちゃんと仲良くしたいなら，謝って，今まで通り普通にすればいいじゃない」

　「それはそうだけど……今度は私が外されるかもしれないし，お姉ちゃんだってその怖さはよくわかるでしょ」

　「じゃあこのまま黙って友里恵ちゃんを見捨てるの？」

　「見捨てるだなんてそんな……」

　歩美は語気を強めて言い返した。

　「でもやっぱり無理だよ。学校でもスマホでの話が前提だし，家に帰ってからだってみんなスマホでつながってるんだから」

　「実はみんな同じように困っているんじゃない？　本当の友達ってスマホがなかったら成り立たないものかしら？」

　姉の言葉に返す言葉が見つからなかった。

　「結局，歩美自身はどうしたいの？」

　「本当はわかってるんでしょ」

　歩美ははっと胸を突かれた思いで，しばらく黙り込んでしまった。

　翌朝，歩美は教室に入ると，まっすぐ友里恵に向かって歩いた。

　ところが友里恵は歩美の顔を見るなり綾香と理沙に駆け寄り，「ねぇねぇ。昨日の画像とコメントさ……」と，歩美の知らない話を始めた。

　歩美は一瞬にして，身体中が凍りつく感覚を覚えた。

（愛知県　鈴木賢一）

| 1年 | 2年 | 3年 |

いじりの危険性を考える

33. 心から笑えるように

感 動	★☆☆
驚 き	★☆☆
新たな知恵	★★★
振り返り	★★★

CD-ROM
5-33
授業用
パワーポイント

人は見たことをまねしたくなる生き物です。テレビなどのメディアでは，人をたたいたり，からかったりして笑いをとる行為が多く見られます。その影響から，いじりやいじめを悪気なく教室で再現しようとすることも多くあるでしょう。いじりは容易にいじめに変わってしまう面もありますが，人間関係の潤滑油やコミュニケーションのきっかけにもなるものです。より良いコミュニケーションには相手の気持ちを考えることが必要です。

 『がさつ力』

千原せいじ：著　小学館よしもと新書

■ 教材の概要 ■

圧倒的なコミュニケーション能力で数々のエピソードを誇るお笑い芸人千原せいじ。空気を読み合い，言いたいことを我慢する日常を送る多くの中学生にとって，千原せいじの言う「がさつ力」は必要なものであろう。しかし，彼のストレートなもの言いの裏にある他者への敬意など，コミュニケーションに欠かせない大切な要素こそ，すべての中学生に学んでほしいものだ。

■ 授業構成 ■

| 0　　3 | 9 | 15　　19 | 25 | 33　　38 | 47　50(分) |

◆導入◆
ごっこの振り返り

◆発問◆
テレビの悪影響

◆発問◆
冷やかされた経験など

◆発問◆
いじりの是非

◆発問◆
次は許せる？

◆発問◆
言葉をどう思う？

◆発問◆
暴力がいけない理由

◆発問◆
「格闘技…」と「お笑い…」の共通点

◆指示◆
授業の感想

協働的な学び　グループでの意見交流をする。

■ 本時の授業を中心に見取った評価文の例 ■

いくつかの教材から，いじることの難しさに気づき，そのことを友達に熱心に話す姿が見られました。自分を振り返り，どんなことに気をつけなければいけないかを自覚していました。

協働的な学びの度合い ●●○○○○　　授業準備度 ●●○○○○

ねらい

いじりといじめについて考えを深めることによって，より良い集団の在り方について考えていこうとする態度を育てる。

C11［公正，公平，社会正義］

準備

・ワークシート（CD-ROMに掲載）生徒数分

授業の実際（1年で実施）

「『ごっこ遊び』をしたことがありますか。何かになりきったつもりで遊ぶことは子どもの成長には大切なものです。人は見たものをまねしたがる生き物でもあります」と説明し，最初の問いをした。

■ テレビで見たことをまねして周囲を喜ばせること，周囲を悲しませることには，どんなことがありますか。
　■自分自身の考え方の傾向を明確にするための発問である。

挙手した2人に指名して答えさせた。
　・ゴミ拾い　　・暴力

「テレビのなかで笑わせようとものまねをして，世界中から怒りや悲しみの声が挙がったことがあります。黒人俳優のまねをして顔を黒くして番組に出演したお笑い芸人がいました。英BBCや米ニューヨーク・タイムズなどは差別的な行為であると報道し，大きな反響を呼びました。もちろんお笑い芸人には差別する気持ちはなく，黒人俳優のことを尊敬していました」と説明した。

次に以下を大きく提示し，2つめの発問をした。

> ○○○う…少し怒らせたり恥ずかしがらせたりするために，ふざける。
> ○○○す…相手が恥ずかしがったり当惑したりすることを言ってからかう。

空欄に当てはまる2つの言葉を少し考えさ

せたあと，「からかう」「冷やかす」が入ることを伝え，書き加えた。

■ あなたの経験について3つ問います。
　①人にからかわれた経験，冷やかされた経験はありますか。
　②そのときどんな気持ちになりましたか。
　③そのときどんな対応をしましたか。
　■自分自身の体験を振り返させる発問である。

この3つについてペアで意見を交流させた。そして4人班でも交流させた。

多くの生徒が冷やかしやからかいをされた体験があり，不快な思いをしていることに気づいた。また，言い返すこともあるが黙って我慢している者も多くいることに気づいた。そのような意見が出たことを全体で確認した。

「からかうことも冷やかすこともいじめの一種です。からかいや冷やかしはクラスにあってほしくないですね」と話した。

■ からかいや冷やかしのように，「いじり」もあってほしくないですか。
　■自分自身の考え方を振り返させる発問である。

挙手した2人に指名して答えさせた。
　・嫌ないじりはないほうがいい。
　・まったくないとほかの人と関わる機会が減る。

「私の身の回りの経験では，いじめは相手のことが好きではなくてすることが多いけれど，いじりは相手のことが好きで構いたいことが多いようでした」と説明した。

■ このいじりは許せる範囲のものしょうか。

> A君がB君の寝ぐせのついた髪形を見て，「何だかドラえもんに出てくるスネ夫みたいだなあ」と笑いながら言って周囲が笑った。B君も笑っていた。

■いじめかそうでないかの違いについて

考えさせる発問である。

挙手した2人に指名して答えさせた。

・仲が良さそうだし，そんなにひどい内容ではないから大丈夫。

・いじられたB君も笑っているから大丈夫。

これらを板書して，「でも実際は，B君は空気を読んで笑っていただけで，本当は嫌だったかもしれませんね。見た目だけではわかりません。同じことをされても大丈夫なときもあれば嫌なときもあります。『いじる』という行為は，同時に何を考えなければいけないかな」と投げかけると，「相手の気持ちを考えるという行為とセットでなくてはいけない」という声が出た。

5 ある芸人さんの言葉についてどう思いますか。

■安易ないじりがいけないことに気づかせる発問である。

〜以前，他の芸人たち4〜5人と一緒にいたとき，みんなで息子をからかったことがある。

そしたら息子が嫌がって「もうやめてくれや。俺は人をイジるほうやねん！」と言う。その瞬間，その場にいた連中がみんな声を揃えて「それはアカーン！ちゃんと自分がイジられることをまず覚えて，一旦（いったん）しっかりイジられる経験をして，それでやっとそれができんねん。いきなりイジる側になれるか，アホ!!」と絶叫したんだけど，それくらいイジりというのは難しいものです。前掲書『がさつ力』p.115〜116

ペアで話し合わせた後，4人に発表させた。

・いじりにもルールがある。

・いじる程度は両方経験することでわかる。

・いじりとはいじめになってしまいやすいので難しいと思った。

・いじられる人の気持ちを考えることが第一なんだなと思った。

6 テレビで見るボクシングやプロレスのように教室で相手を殴ったり，投

げ飛ばしたりするのがダメな理由は何でしょうか。

■自分自身を改めて振り返らせる発問である。

ダメだと思う人は手を挙げなさいと指示すると全員が挙手した。ダメな理由を2人の生徒が発表した。

・けがをするから絶対にダメだと思う。

・よけたり受け身をとったりできないから危険だと思う。

7 探 「格闘技における投げる・蹴る」と「お笑い芸人によるテレビなどでのからかい・冷やかし」が認められる理由は何でしょう。

■安易ないじりがいけないことに気づかせる発問である。

1人で考えさせたら難しい問題なので，4人班で考えさせて，発表させた。

・テレビのいじりは受ける側が笑いに変える技術がある。格闘技も受け身や技を受ける練習をしている。

・お互いがあらかじめルールのなかで行う。

・彼らは笑いをとることによって報酬を得ている。職業の一つ。

「確かに，漫才でいじられて泣き出したら漫才になりません。受け身ができなかったら危険ですね」「ルールなしのお笑いにおけるいじりやルールなしの格闘技なら危なすぎますよね」「まちなかで偶然，テレビではいじられ役のお笑い芸人に会ったとします。同じことを路上でお笑い芸人にしたら侮辱罪や名誉毀損罪（そん）になるかもしれません。格闘技をしている人がまちなかで普通の人を殴ったりしたら暴行罪になるかもしれません」と補足した。

「ほかにも，『いじわる』という言葉があります。人が嫌がる仕打ちをわざとすること。また，その人のことを言います。ちなみに『いじわるい』は，いじわるし，心のねじけたさまのことを言います」と説明した。

最後に，「いじっているつもりが，いじわるになっていることはありませんか。そういうことも頭に浮かべながら，感想を書きましょう」と指示して授業を終えた。

147

生徒の感想

- いじわるではなく，皆が笑って楽しくなるならいいけれど，テレビでやっているのはあくまでもテレビのなかのことなので，実際に同じようにやらないことが大切だと思う。
- 自分が楽しければいじっていたけれど，相手を楽しませるようにすることが大事だと思う。これからは相手の気持ちを考えながら接するようにする。
- 自分は結構いじられるけれど，別に嫌ではない。でもいじられたくない人もたくさんいることを知ることができた。いじりがいじめになることを考えながら生活しようと思った。
- いじることは悪いことではないと思うけれど，相手のことを考えないといじわるやいじめになるので，相手の気持ちをしっかり考えて関わっていきたい。
- いじっている側といじられている側の考え方の違いによって，不快にさせることもあるんだなと感じた。

教材化にあたって

　いじりは難しい。
　人によっていじられても大丈夫だというラインが違う。
　いじられている側が笑顔でいても，本当は嫌な気持ちを押し殺しているだけのこともある。
　仲の良い者同士であっても，甘えから遠慮なくひどいことを言ってしまうこともある。
　いつもは大丈夫なのに，されるのが耐えられないときもある。

　でも，学級内のいじりを禁止にすれば，コミュニケーションのきっかけや成長の機会を奪うこともあるかもしれない。
　本教材では，まずは日常で無自覚に行っているいじりについて振り返ることをねらいにしている。
　もちろんこれが許されるいじりであると線引きをすることがねらいではない。いついかなるときでも許されるいじりはない。だからこそ相手のことを考え続けながら関わる姿勢が大切である。

　本授業ではダウンタウンの浜田雅功さんが，番組のなかでエディ・マーフィーのものまねをするために顔を黒塗りした事例を紹介している。

（北海道　千葉孝司）

1年	本物の合意・偽りの合意	感　動	★☆☆
		驚　き	★★☆
2年	# 34. アビリーンパラドックス	新たな知恵	★★☆
		振り返り	★★★
3年			

CD-ROM
5-34
授業用
パワーポイント

　アビリーンパラドックスとは，集団で意思決定をする際，それぞれが本当にやりたいことや目標としたいこととは違う決定がされてしまうパラドックスを表す言葉です。自分としては周囲の意見を大切にしているはずなのに，なぜかみんなが悲しい結末になってしまう……。このことを教材に，よりよい集団の在り方を考えさせたい。そう願ってこの授業を創りました。

 振り返り
「アビリーノ症候群　反対意見が言いやすい包囲環境」
みやざき中央新聞　2016年11月7日

■ 教材の概要 ■

　経営学者ハーヴェイが集団思考のパラドックスを説明するためにつくった話がもとになっている。

　物語は，8月の暑い日，妻が夫婦で実家に里帰りしたところから始まる。父親がアビリーンのレストランへ行こうと提案した。アビリーンは180キロも離れた砂漠である。みんなは心のなかでは反対していたが，気を使い合い，自分の意見を言わず，結果的にアビリーンへ行くことになる。アビリーンは思った通り，暑くほこりっぽい上，お店は休みだった。問題はどこにあったのだろうか。

■ 授業構成 ■

最初の感想の交流

0　　　　5　　　8	10	20	30	45　　　50(分)
●導入● 相手に合わせたことない？	教材	●発問● 問題点はどこにあったと思う？	●発問● どうして家族はそんな行動をとったと思う？	●主発問● その行動は望ましい行動？	●発問● この授業で学んだことは？

協働的な学び　グループによる話し合い，コンセプトマップ（言葉つなぎ）を行う。

■ 本時の授業を中心に見取った評価文の例 ■

　集団のなかで意思決定をするときに大切なことを考える授業では，思いやる対象は仲間だけではなく自分も含まれることに気づき，今までの自分の行為を修正するところがないか，自分を見つめ直しました。

協働的な学びの度合い ●●●○○○　　授業準備度 ●●○○○○

ねらい

　集団のなかで意思決定をする際，相手の意見をやみくもに受け入れることが思いやりではないことに気づき，集団のなかで相手を大切にしようとする態度を育てる。

　C15［よりよい学校生活，集団生活の充実］

準備

・教材（152ページに掲載）生徒数分
・登場人物イラスト
・道徳ノート
・小ホワイトボード　グループ数分

授業の実際（3年で実施）

　「この前，晩ご飯に私の奥さんが餃子を食べたいっていうからさ，餃子を作ったんだよね。こんな私をどう思いますか？」と生徒に話しかけた。生徒は「まぁ，いい夫じゃないですか」と答えてくれた。「でも，その日給食餃子でさ。私はちょっと食べたくなかったんです」と返した。生徒の感想は，「かなりすてきだと思います」「ドンマイですね」との声があった。「私の行動は，どうですか？」とさらに聞いたところ，「優しい」「思いやりがある」と返ってきた。

　このときの生徒の言葉を使って，今日のテーマ「集団における思いやり」を板書した。教材にもよるが，テーマを用意することで教師が迫っていきたい価値と，生徒の話し合いの方向性が逸脱することを防ぐこともできる。「友達とか家族が喜べばいいやと思って，自分がちょっと我慢して，相手に合わせたことってありますか。今日はそんなお話です」と言って教材を配付し，範読して感想を交流させた。

　手順としては，１分間ほど時間をとって伝えたいことを頭のなかで簡単に整理させた後，隣同士で意見交流をさせた。お互いに話ができたことを確認し，話した内容を数名に発表してもらった。

■1 どのような感想がありましたか。

　■自分と異なる考えや視点に触れることで，話し合う必要性を感じさせるための発問である。

　３人が挙手発表した。

・終わった後で文句を言い始めるのはずるい。
・家族なのに気を使いすぎ。
・僕は逆に最初から反対してケンカになったことがあります。

　それぞれの家族の行動に批判的な立場をとった生徒が多数だった。

　人物イラストを黒板に張り，次の発問をした。

■2 どこに問題があると思いますか。

　■漠然としていた問題点を，具体にしていくための発問である。

　生徒が考えやすいように，人物イラストにそれぞれの登場人物のコメントの一部を付けた。すべての登場人物を張ることで，全員の立場を考えるようになる。

ハービー
・家族なんだから，最初に正直に伝えるべきだった。
・自分の意見をあいまいにしたまま，ほかの人に意見を聞くからこうなる。
・妻のお父さんなので，言いにくいのもわかる。

お義父さん
・自分がやりたくないことを言い出したことがわからない。
・みんなの意見を最初に聞けばよかったのに。

妻
・反対意見をもっているのに，すごくいい意見みたいな感じで言っていること。
・ハービーさんに同意を求めているところがずるい。

お義母さん
・自分も同意したのに，みんなに責任を押しつけようとしている。
・行く前に自分の意見を言わなかった。

　そのほかには「全員ずるい」「みんな気を使いすぎ」など，家族４人に共通すると思われる意見があった。子どもたちは，方法論を話すことが好きである。起こった出来事の問

題点を挙げさせる場合，「○○すべきだった」「□□した方がよかった」などと，行動の改善点を指摘する意見が増える傾向がある。それはそれで盛り上がっていくが，行動の裏側にある思いについてもしっかりと掘り下げておくと，授業後半で生徒が深く思考することに役立つことがある。

❸どうして4人の家族はそんなことを言ったのだと思いますか。

■思いと結果のギャップを押さえるための発問である。それぞれの思いはどんなところにあったのかを考えさえたい。

・みんながいいと思うなら自分は我慢しようと思っていたから。

・相手に合わせることが優しいと思っていたから。

さらに発問❷の答えで出た「全員」「みんな」というキーワードを使って，家族4人に共通する気持ちがあるかをたずねたところ，「相手への思いやり」という言葉が出た。

❹ 対 深 ハービーさんの家族がとった行動は，集団として望ましい行動だと思いますか。

■今までの自分がもっていた，集団のなかでの思いやりに対するイメージを考え直させ，そのイメージを使って出来事を評価させる発問である。

5分間ほど黙考の時間をとり，道徳ノートに考えを記入させた。キーワードとなる部分にアンダーラインを引かせておく。ここからグループをつくり，話し合い活動を行った。各グループにホワイトボードを配付し，話し合いの記録をとらせた。ここでいう記録は，どんな意見が出て，さらにその意見に対してどんな意見がグループ内から出たかということである。ホワイトボードを使って意見交換をさせようとすると，出てきた意見をそのまま記録しようとする生徒がいる。そこで，自分の意見のキーワードを決めさせておくと，その言葉を使ってコンセプトマップ（言葉つなぎ）ができる。

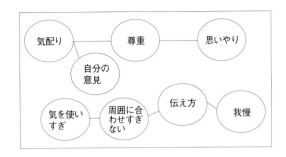

丸の中がキーワードである。その意見について出てきた意見を線でつなぎ，その理由や考えを記入させた。丸の中には，「気配り」「自分の意見」「尊重」「思いやり」「周囲に合わせすぎない」「伝え方」「我慢」などの言葉が入っていた。この間に教師がしていたことは，数グループで出ているキーワードを全体にシェアしたり，授業前半に出てきた生徒の意見を参考にさせたりした。10〜15分間とり，各グループのホワイトボードを黒板に張り，次の質問をした。

❺この時間でどのようなことを学びましたか。

■振り返りの発問である。

生徒のノートには以下のようなことが書かれていた。

・相手に合わせることはいいことだけれど，自分の気持ちも忘れない。誰もが楽しめるといいなあ。

・お義父さんにそのようなことを言われたとき，どう言うのが正しいのかわからなかった。

・思いやる対象は相手だけではなく，自分も含まれることに気づいた。

・今までの自分が思いやりだと思っていた行為に疑問を抱いた。

・気を配る。自分の意見を言わないのは気を配ることではないと思う。自分の意見を言いながらも，周囲に合わせたりするのが気を配るということだと思う。

今回話し合いに使ったホワイトボードは，次回の道徳の授業まで背面黒板に張っておいた。休み時間などに，本時の授業の内容を話題にしている姿も見られた。

組織学者のハービーさんという人が，ある日，妻の実家に遊びに行きました。実家はテキサス州にある小さな町です。8月の暑い日でした。

　実家のお父さんが「今からアビリーノにドライブに行こう」と言い出しました。

　それを聞いたハービーさん，「何てことを言うんだ！」と思いました。アビリーノというところはその家から180キロも離れていて，しかも砂漠です。車にはエアコンが付いていません。

　「この暑い日に今からアビリーノに行くなんてとんでもない」と思ったのです。

　ところが横にいたハービーさんの妻が「あら，お父さん，それいいんじゃない。ねえ，あなた」とハービーさんに言うわけです。

　咄嗟にハービーさん，「僕はいいけど，お義母さんが何て言うかね？」と，お義母さんが否定してくれることを期待したら，お義母さんも「あら，いいわよ」ということになって，みんなの合意の上でアビリーノに行くことになりました。

　すると想像した通り，窓を開けて走るからほこりまみれ，汗まみれ。

　途中，食事をしようと思っていたレストランが休みだったので，すごくまずいお店で食べ，また片道180キロの道を帰っていきました。

　家に入ったらみんなバラバラに座り，一言も口をききませんでした。

　しばらくしてお義母さんが「実は私は家にいたかったのよ。でもみんな行きたそうだったからお付き合いしたのよ」と言ったんです。

　それを聞いたハービーさんの妻は，「私だってあの暑さ，想像しただけで行きたくはなかったけど，あなたが行きたいと言ったから……」とハービーさんに言うわけです。

　彼は咄嗟に「僕は自分から行きたいと言った覚えはないよ。同意しただけだよ」と言ってしまったのです。

　そしたらお義父さんが「せっかくおまえたちが遊びに来てくれたのに晩ご飯が冷凍食品じゃ気の毒だから，僕は行きたくなかったけど君たちのために誘ったんだ」と言ったのです。

（栃木県　和氣臨太郎）

<table>
<tr><td>1年</td></tr>
<tr><td>2年</td></tr>
<tr><td>3年</td></tr>
</table>

理解し合うことを学ぶ

35. 注文をまちがえる料理店

感 動	★★☆
驚 き	★★☆
新たな知恵	★★★
振り返り	★☆☆

CD-ROM
5-35
授業用
パワーポイント

　多様性は，現代をよりよく生きるキーワードだと言われます。学校でも多様な生徒が共に学ぶなか，互いの無理解が故にトラブルが起きることも多々あります。また，生徒だけではなく大人も含め，「失敗を認めない」という風潮があるように思います。さまざまな個性（特性）を認め合い，さらに失敗を大きな心で許し合える心を育てたいと願って創った授業です。

 『**注文をまちがえる料理店**』小国士朗：著　あさ出版
　　　『**注文をまちがえる料理店のつくりかた**』小国士朗：著　森嶋夕貴：写真　方丈社

■ 教材の概要 ■

　「ハンバーグを頼んでも，きたのは餃子定食でした――」大反響を得た2017年6月，2日間だけ開かれた「注文をまちがえる料理店」。注文をとるスタッフがみんな認知症を抱えるこの料理店が再度オープンした9月の3日間，準備からオープン，スタッフの横顔，ちょっとした一大事，お客さんの反応まで，写真をふんだんに盛り込んで，完全ドキュメントで紹介されている。

■ 授業構成 ■

0	4	8	12	17		34	40	45	50(分)
●発問 どんなときに「楽しい」？	●発問 もし，できなくなったら？	●発問 普通のことができなくなったら？	●発問 注文を間違えられたら？	●読み物教材● ●動画●		●発問 いろいろな人たちがいても楽しめる社会にするには？	●発表 各グループで話し合われたことを発表する。	感想	

> **協働的な学び**　中心発問に対する考えをグループで紹介し合い，発表する。

■ 本時の授業を中心に見取った評価文の例 ■

　深いところまで考えるようになってきました。特に「学年道徳」の授業の際には，認知症の問題点は，学校などのどの社会でも共通して考えていかなければならないことに気づいて発表しました。

協働的な学びの度合い ●●●●●　　授業準備度 ●●●●●

153

ねらい

互いの良さを見つめ直し，自分とは違う価値観や生き方を認め合う態度を育てる。

B9［相互理解，寛容］

準備

・プロジェクター，プレゼンテーションソフト
・小ホワイトボード　小グループ数分
・ピアノを披露する動画（「注文をまちがえる料理店」で起こった小さな奇跡の物語」TIMELINE）https://www.youtube.com/watch?v=SJkZvRl5bsQ（なくても可）
・教材（156ページに掲載）生徒数分

授業の実際（2年で実施）

　中学2年生になり，生徒たちは，互いの個性を理解し合うように指導してきたが，ちょっとした行き違いから，トラブルが発生していた。全クラス共通に考えてほしかったので，「学年道徳」として，実施した。

1　あなたは，どんなときに「楽しい」と感じたり，「充実感」を感じますか。

■さまざまな個性があることを確認する発問である。また，本授業が，好きなことができにくくなる認知症について学ぶことを示唆する発問でもある。

　発問をスクリーンに提示した。生徒たちは，思い思いの意見を発表し合った。

　数名を指名し，次のような発表があった。

・部活です。特に試合で練習したことができたときは，最高です！
・ゲームですねえ。
・好きなアーティストの曲を聴くことです。
・大好きなペットの犬と遊ぶことです。
・本を読んでいるときです。
・寝ることです。
・ピアノを弾いているときです。

　さまざまな意見が発表された。ここは導入なので，あまり深入りしない。

2　もし，今発表してもらった「楽しい」ことや「充実感」を味わうことができなくなったとしたら，どう考え，どうしますか。

■教材に自我関与させるための発問である。

　生徒たちは，沈黙しながらも考えているようだった。そこで，「そういえば，こんなことはなかったですか」と，スクリーンに提示し，以下のように補足した。

　「インフルエンザにかかって，学校に来られなかったこと」「ケガをして，練習できなかったこと」「家庭の事情とか」「学校の成績が下がって」このように補足すると，生徒たちから，「ああ，確かにありました。あのときはつらかったなあ」とか「実は，今も……」と，現状を話し出す生徒もいた。

3　その後，今までは普通にできていたことができなくなったら，できていたことやしたかったことをあきらめますか。

■教材で扱う「認知症」になった人々へ思いをはせる発問である。

・あきらめるしかない。
・なんとかできる方法がないか考える。
・別のことを考えたらどう？
・自分のしたいことができている人を応援する側に回ったらどうだろう？
・なかなか難しい。悲しくてつらい。

　さまざまな意見が発表された。

　「一つのヒントを紹介します。それはあるレストランのことです」と言って，『注文をまちがえる料理店』の看板の画像を大きく提示した。続いて，「ハンバーグを頼んでも，きたのは餃子定食でした」と大きく提示した。生徒から「そんな間違いをするお店ですか」と声がしていた。そこで次の問いをした。

4　もし，自分がレストランに入って，注文したものと違ったものが来たら，どうしますか。

■教材で扱うレストランの特異性を理解するための発問である。

「これは，違いますと言って，換えてもらいます」という当然の意見が出た。

「ところで，この『注文をまちがえる料理店』では，どんな人が働いているかというと……」と話し，スクリーンに「注文をまちがえる料理店」で働いている人が写っている写真を提示し，「調理以外はすべて認知症にかかっている人たちです」と説明した。

多くの生徒たちにとって，認知症は身近ではない。そこで，認知症に関して基本的なことを説明した。

　・脳の神経細胞が壊れることによって起こる症状や状態のこと。
　・認知症が進行すると，理解や判断する力が弱くなる。
　・進行すると，日常生活に支障が出る場合がある。

認知症の家族がいて悩みを抱えている生徒などいないか，授業前に確認をとり，配慮する必要がある。

ここで「注文をまちがえる料理店」のことを理解するために，156ページの教材を配付し，範読した。生徒はとても感心した様子だった。

次に，以下の「認知症の人たちの願い」をスライドで大きく紹介した。

> 「昔のように働きたい」
> 「誰かのためになることをしたい」
> 「前はできたことを当たり前にしたい」

生徒たちは真剣な表情で話を聞いていた。

その後，認知症を患いピアノが弾けなくなった元・ピアノの教師をしていた女性が，「注文をまちがえる料理店」で，ピアノを披露する動画を見せた。

「できなくなったことが，できるようになったのは，なぜなのか」を考えさせた。ここでは，教材に集中させたかったので，発問はしなかった。

5 🈟 **いろいろな人が，その個性を発揮し合う学校や社会にするためには，**
どうすればよいと思いますか。自分にはどんなことができるだろう。

■自我関与させる中心発問である。教材に自我関与させる発問である。

個人で考えさせた後，4人くらいのグループで，意見を交流し合った。

挙手した生徒3人が発表した。

　・許し合えるおおらかさが必要。
　・ギスギスしないこと。人を責めようとなるべくしないこと。
　・見た教材は「認知症」の人たちのことでした。しかし，学校を含めどの社会にもいろいろな人がいるという点では同じだと思った。

終末として，キーワードは『多様性』，英語では「DIVERSITY」ということを話し，スクリーンに次のように提示した。

> 多様性＝ DIVERSITY
> 　「幅広く性質の異なるものが存在すること」「相違点」

「考えたことをワークシートに記入してください」と指示をした。

●生徒の感想

　・いろんな人たちが，自分の良さを安心して出し合える社会にしたい。
　・認知症の人たちは，自分が好きだったことができなくなって，どんなにつらかったろう。自分もケガをして，部活に参加できなくなったことがあるから，つらさは想像できた。
　・違いを認め合うことが，豊かさにつながるのだと思った。自分はみんなの違いを認めてきたか，考えてしまった。
　・この学年にもいろいろな人がいます。なかには，生活しづらいと感じている人がいるかもしれないと感じた。
　・私は，自分と違う人たちの存在を認めて，理解しようとすることが必要だとわかった。

本授業は，全クラスを一堂に集めて実施した学年道徳であった。学級によっては，自分の考えを発表し合った。

「『注文をまちがえる料理店』プロジェクト」
注文をまちがえる料理店実行委員会　https://readyfor.jp/projects/ORDERMISTAKES より

注文を
まちがえる
料理店
THE RESTAURANT OF ORDER MISTAKES

なぜこんな，ちょっと変わったレストラン・イベントを開催しようと思ったのか？　まずはそこからお話ししたいと思います。

私はテレビ局のディレクターで，あるドキュメンタリー番組を担当していました。

その時，弊プロジェクトの実行委員長でもある和田行男と出会いました。和田は，「認知症になっても，最期まで自分らしく生きていく姿を支える」を信念に介護を行っています。

和田のグループホームにいる認知症の方々は，自分でできることは全部自分でやります。掃除洗濯はもちろん，包丁を握って料理だってします。入り口の施錠もせずに，のびのびと暮らしてもらうことを大事にしています。

取材をしていたある日の出来事でした。取材中，グループホームの方々に料理を振る舞っていただくことも多く，その日はハンバーグを作ってもらえると聞いていました。でも食卓に並んでいるのは，どう見ても……餃子です。ひき肉しかあってないけど……いいんだっけ？　「あれ，今日はハンバーグでしたよね？」という言葉がのど元までこみ上げたのですが，うっと踏みとどまりました。**「これ，間違いですよね？」**　その一言によって，おじいさん，おばあさんたちが築いているこの"当たり前"の暮らしが台無しになってしまう気がしました。

ハンバーグが餃子になったって，別にいいんじゃないか？

誰も困らないんじゃないか？

おいしければなんだっていいんじゃないか？

それなのに「こうじゃなきゃいけない」という"鋳型"にはめ込もうとしていた自分に気が付きました。その瞬間，「注文をまちがえる料理店」というワードがぱっと浮かんだのです。

【中略】

普通の飲食店であればトラブルにつながるような問題が，なぜ「注文をまちがえる料理店」では気にならないのでしょうか？　その秘密に気づかせてくれたのは，当日働いてくださったある認知症の方の言葉でした。

「昔，食堂で働いたときはさ，間違えたら当然怒られるよね。でも，ここのお客さんは優しいよね。間違えても誰も怒らないもの」

シンプルな言葉は，とても力強く私たちの心に響きました。**「ま，いいか」と思える寛容な気持ちは，働く人にとってもお客様自身にとっても，居心地のいい空間が作れるのだ**と確信を持つことができました。

「『注文をまちがえる料理店』だなんて，不謹慎じゃないか？」　そんな批判も覚悟していましたが，このプレオープンの模様が国内外の様々なメディアで取り上げていただいた後，多くの方々から賛同と応援のお言葉をいただきました。そして私たちは，**「このプレイベントを，次は関係者だけじゃなく，一般のお客様にも入っていただけるものにしよう」「認知症の理解を日本中に届けよう」**と考えるようになったのです。

（東京都　合田淳郎）

● おわりに

　「道徳のチカラ」中学の代表を20年務めさせていただきました。さらに校長会の役割のなかで道徳を担当したり，公的な道徳教育研究会の要職を務めたりしたことなどにより，たくさんの道徳授業を参観させていただいています。関わらせていただいたすべての皆様に感謝の気持ちでいっぱいです。

　そのなかで痛切に思うのが，授業づくりを「教材開発から行う」経験を積むことで，「考え，議論する道徳」を成立させる授業力が身につくものだということです。教科書を「これで○○を教えるんだ」と疑いなく用い，生徒の思考を予測することなく，指導書通りに展開すればよいという授業はうまくいくはずがありません。生徒にとっても教師にとっても苦しい「地獄のような」授業になってしまいます。素材を教材へと磨き上げるなかで教師の道徳的価値への造詣は深まるものですし，授業を受ける生徒がどう受け止めるかをもとから考えることで発問や授業構成がブラッシュアップします。教材開発は道徳授業力を向上させる最高の手段といえるでしょう。

　そうはいうものの，管理職になり日々の授業実践から離れると，どうしても授業づくりのエネルギーが落ちてきます。そんな私に火をつけさせたのが，北海道・札幌の中学教師堀裕嗣氏をはじめとする研究集団による道徳授業開発からの学びでした。1つの素材から4領域の道徳授業を開発したり，すべての内容項目に対応する道徳授業を1人で開発し始めたりする姿に大いに感銘を受けました。開発された授業のおもしろさに感動し，目的意識が高いメンバーとの交わりのなかで新たな思考が生まれることに魅惑され，同じ中学教師という親近感もあり，年に何度も熊本から札幌まで足を運ぶようになりました。おかげで私自身の教材開発へのエネルギーも増して本書では13の実践を掲載しています。

　次は本書を手に取った「あなた」の番です。素敵な道徳授業を創りませんか。

　2020年3月

編著者　桃﨑剛寿

道徳授業開発のすすめ

あなたが創出した道徳授業が
「どこかの中学生」を支えるかもしれない，
救えるかもしれない！
だからこそオリジナル道徳授業を開発し実践されたら，
それを自分だけのものにしないで，広く公開してほしい。
そうして「道徳のチカラ」中学の同志になってほしい。

〈 道徳授業記録募集要項 〉

1．**内容**　自分自身で開発した道徳授業の実践原稿。
　　　　　　プランや指導案でも可。
　　　　　　執筆依頼が決定したら，以下の形式での作成を依頼します。

2．**形式**　本書の各実践原稿の2～3ページ（見開き）を参照。
　　　　　　授業記録の書式は，A4判2枚，20字×35～40行の2段組です。

3．**送り先**　担当：桃﨑剛寿
　　　　　　①メール　t-momosaki@nifty.com
　　　　　　②郵送　〒861-8083熊本市北区楡木3-8-46　桃﨑剛寿
　　　　　　メール，郵送，どちらでもかまいませんが，編集作業の都合上，メールでの
　　　　　　ご応募を歓迎します。一太郎またはワードで執筆して，添付ファイルでお
　　　　　　送りください。

4．**その他**　掲載原稿には，規定の原稿料をお支払いします。
　　　　　　なお，著作権・出版権は，主催者（道徳のチカラ）と出版社（日本標準）に
　　　　　　属します。

例年8月の第1土曜日に「道徳のチカラ」全国大会が東京（2020年のみ名古屋）で開催されており，そこで実践論文審査が行われます。A評価が出された実践記録は優先的に掲載をしております。

編著者紹介 ●

桃﨑剛寿（ももさき・たけとし）

1989年熊本大学大学院教育学研究科数学教育専攻代数学専修修了。熊本県公立中学校教師に，県立教育センター道徳担当指導主事，熊本市教育委員会生徒指導担当指導主事を経て，現在熊本市立京陵中学校校長。熊本市中学校道徳教育研究会会長。教育サークル「道徳のチカラ」副長兼中学代表。『中学校編とっておきの道徳授業』シリーズ1〜14（編著，日本標準），『中学校「特別の教科 道徳」の評価 通知表所見の書き方＆文例集』（日本標準），『スペシャリスト直伝！中学校道徳授業成功の極意』（明治図書），『「中学生を変えた」奇跡の道徳授業づくり』（日本標準）など，著書多数。

執筆者一覧（五十音順）●

(2020年3月現在)

伊東 久雄	兵庫県	神戸市立須磨北中学校		羽鳥 悟	群馬県	渋川市立伊香保中学校
緒方 茂	長崎県	佐世保市立早岐中学校		原口 栄一	鹿児島県	鹿児島市立甲東中学校
喜田村徳子	栃木県	宇都宮市立姿川中学校		福本 朝子	佐賀県	佐賀市立諸富中学校
合田 淳郎	東京都	杉並区立杉森中学校		松永 勉	京都府	立命館宇治中学校・高等学校
鈴木 賢一	愛知県	あま市立七宝小学校		松元 光昭	栃木県	宇都宮市立星が丘中学校
高橋 和寛	北海道	札幌市立札苗中学校		桃﨑 剛寿	熊本県	熊本市立京陵中学校
千葉 孝司	北海道	音更町立音更中学校		山﨑みゆき	長崎県	大村市立玖島中学校
辻川 和彦	長崎県	川棚町立川棚小学校		山中 太	長崎県	佐世保市立日野中学校
水流 弘貴	福岡県	中間市立中間中学校		和氣臨太郎	栃木県	大田原市立川西小学校

※本文中のウェブサイトのURLやメールアドレスなどの連絡先は，2020年3月1日現在のものです。

JASRAC 出 2000480-001

中学校編 とっておきの道徳授業14

自己の生き方に向き合う35授業実践

2020年3月30日 第1刷発行

編著者／桃﨑剛寿
発行者／伊藤 潔
発行所／株式会社 日本標準
　　　　〒167-0052　東京都杉並区南荻窪3-31-18
　　　　電話 03-3334-2640（編集）
　　　　　　 03-3334-2620（営業）
　　　　URL：http://www.nipponhyojun.co.jp/

表紙・編集協力・デザイン／株式会社 コッフェル
イラスト／タカミネシノブ
印刷・製本／株式会社 リーブルテック

◆乱丁・落丁の場合はお取り替えいたします。

ISBN 978-4-8208-0686-8

● 本書付属のCD-ROMについて ●

　本書には，掲載したオリジナル道徳授業35本に対し，それぞれの授業で活用できるパワーポイントデータをマイクロソフト社「パワーポイント2010」で作成し，巻末の付録CD-ROMに収録しました。視覚的に訴えるパワーポイントは生徒にとってわかりやすく，スライドに集中することで，授業にも一体感が生まれます。思考を活性化させる意味では，資料を印象的に提示できるので，驚きを引き出したり，問いを導いたり，感動を導いたりするのに有効です。このように，生徒の関心を高め，思考の活性化へ結びつけることができます。また，授業で使えるワークシート（Word・一太郎・PDF）と付録として「1～13の内容項目リスト」や「年間指導計画補足資料」（ともにExcel）も収録しました。授業づくりのヒントとしての活用の一助となればと願います。

データの例（1章－2「野々華さんのスピーチ」より）

以下の点に留意して使用してください！

1 本データは，利用する方が自由に作り替えることができます。ただし，作り替える部分に画像など，他人の著作物を掲載する場合は，基本的に著作者の許諾が必要です。利用する方が許諾を得て使用してください。

2「教育を担任する者及び授業を受ける者」（多くの場合は授業をされる方）が，パワーポイントを授業で使用するために，ウェブサイトなどに掲載されている画像を取り込むことは，著作権法の許諾なしに実行できます。
　ただし，本データには，権利者の許諾を得ている写真や文章があります。また，利用する方が作り替えた部分に他人の著作物が含まれる場合もあります。これらの場合，公開授業の学習指導案に掲載するなど，授業外で使用したり，頒布のために複製したりするには，権利者の許諾が必要となります。利用する方が許諾を得てご使用ください。
　また，改正著作権法では違法ダウンロード行為に対する刑罰化が加えられました。YouTubeなどの視聴は違法ではありませんが，専用ツールを使って動画をダウンロードすると処罰の対象となる可能性があります。

3 本パワーポイントデータは，動作環境によって表示や動きに不具合が起きることがあるかもしれません。使用の際には，授業の前に動作確認を行ってください。

2020年3月1日　　　　　　　　　　　　　　　　　　桃﨑剛寿

● CD-ROMのご使用条件 ●

※以下の使用条件をご了承の上，ご使用をお願いします。
・CD-ROM（本製品）は，『中学校編 とっておきの道徳授業14』の付録です。
・本製品は，書籍を購入された方のみ使用できます。
・本製品のデータの編集著作権は，株式会社日本標準および編著者に帰属し，ユーザーに譲渡されることはありません。
・本製品のデータを商業目的に使用することはできません。
・本製品の内容の一部または，全部を，無断で第三者に譲渡，販売，貸与，配付することはできません。
・本製品の運用結果について，弊社はいかなる場合も責任を負いません。

● CD-ROMの動作環境 ●

O S ：Windows 8/10
本 体 ：上記OSが正常に動作するもの
プリンタ ：A4判以上対応のもの
CD-ROMドライブ ：必須
ブラウザ ：Internet Explorer 11以降
パワーポイントの編集・閲覧
　　：「Microsoft PowerPoint 2007」以降推奨
PDFファイルの閲覧
　　：「Adobe Reader」「Adobe Acrobat Reader DC」が必要
※記載の会社名，製品名は各社の商標または登録商標です。

➡CDが自動的に再生されない場合，または何らかの警告が表示される場合には，「コンピューター」（Windows10では「PC」）を開き，DVDドライブを右クリックして「開く」を選択してください。この操作でCDのフォルダが開きますので，「index」をダブルクリックしてください。